Wichtel aus dem WEIHNACHTS WUNDERWALD

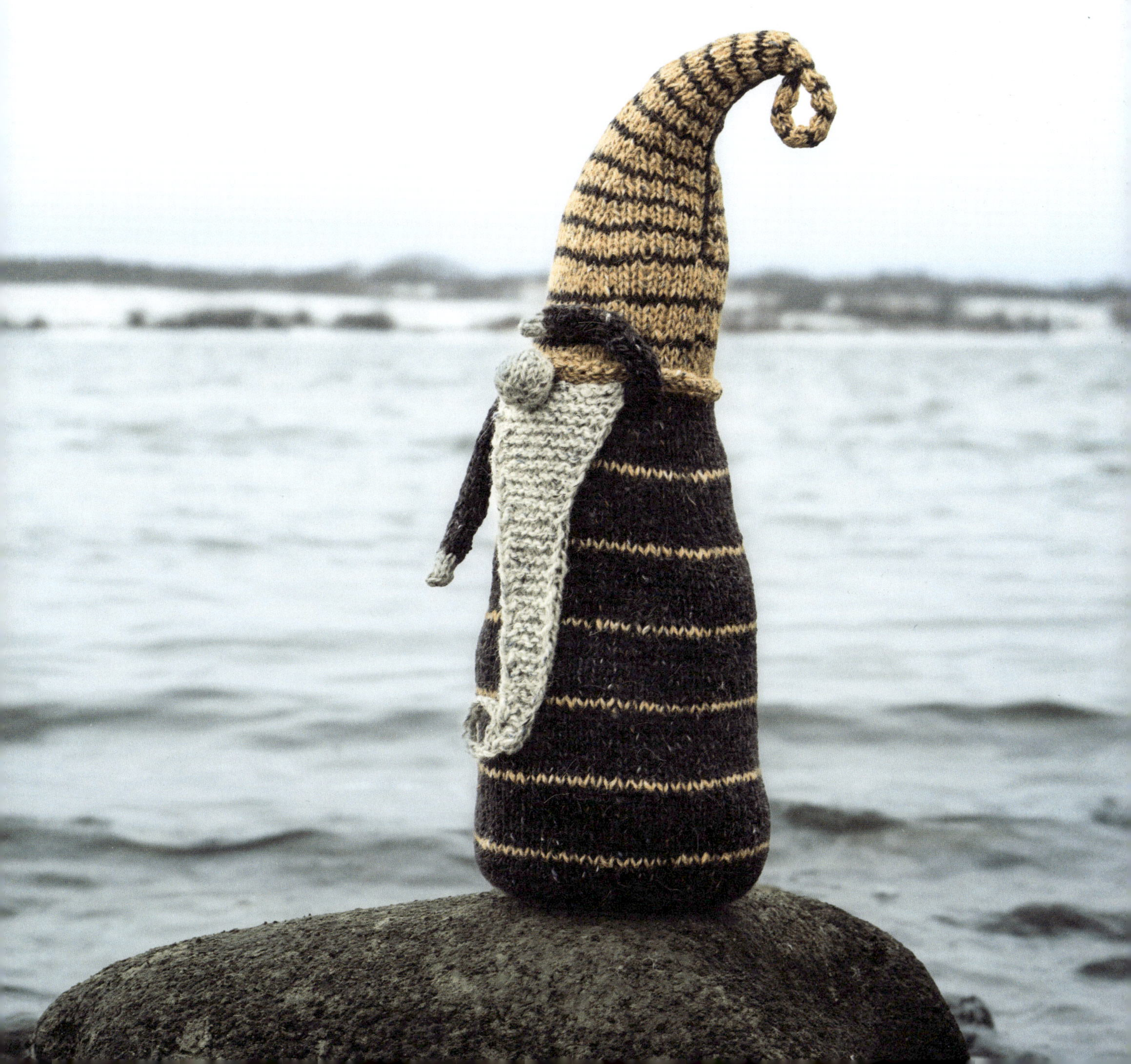

Widmung

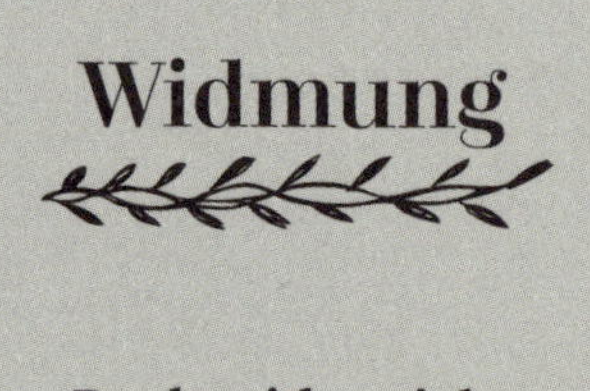

Dieses Buch widme ich meiner Familie, den Abenteuer-Schiras, die jeden Tag in ein Erlebnis verwandeln.

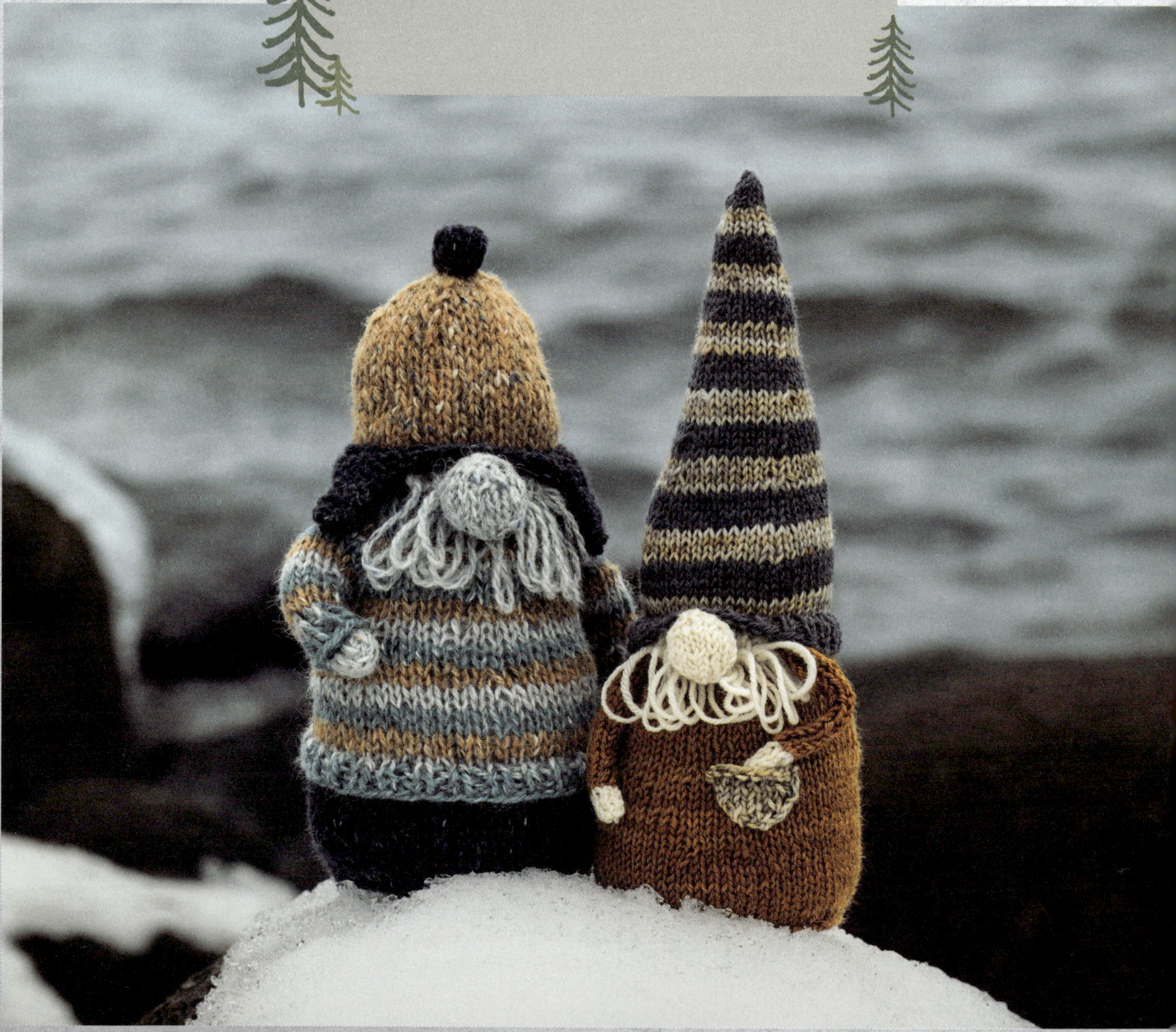

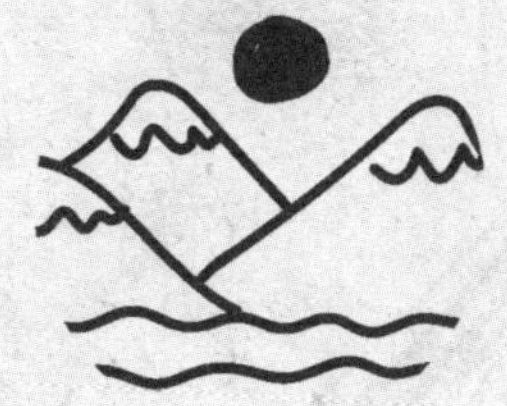

Sarah Schira
Mit Fotografien von Doug Derksen

Wichtel aus dem WEIHNACHTS WUNDERWALD

Bezaubernde Freunde zum Stricken

Bassermann

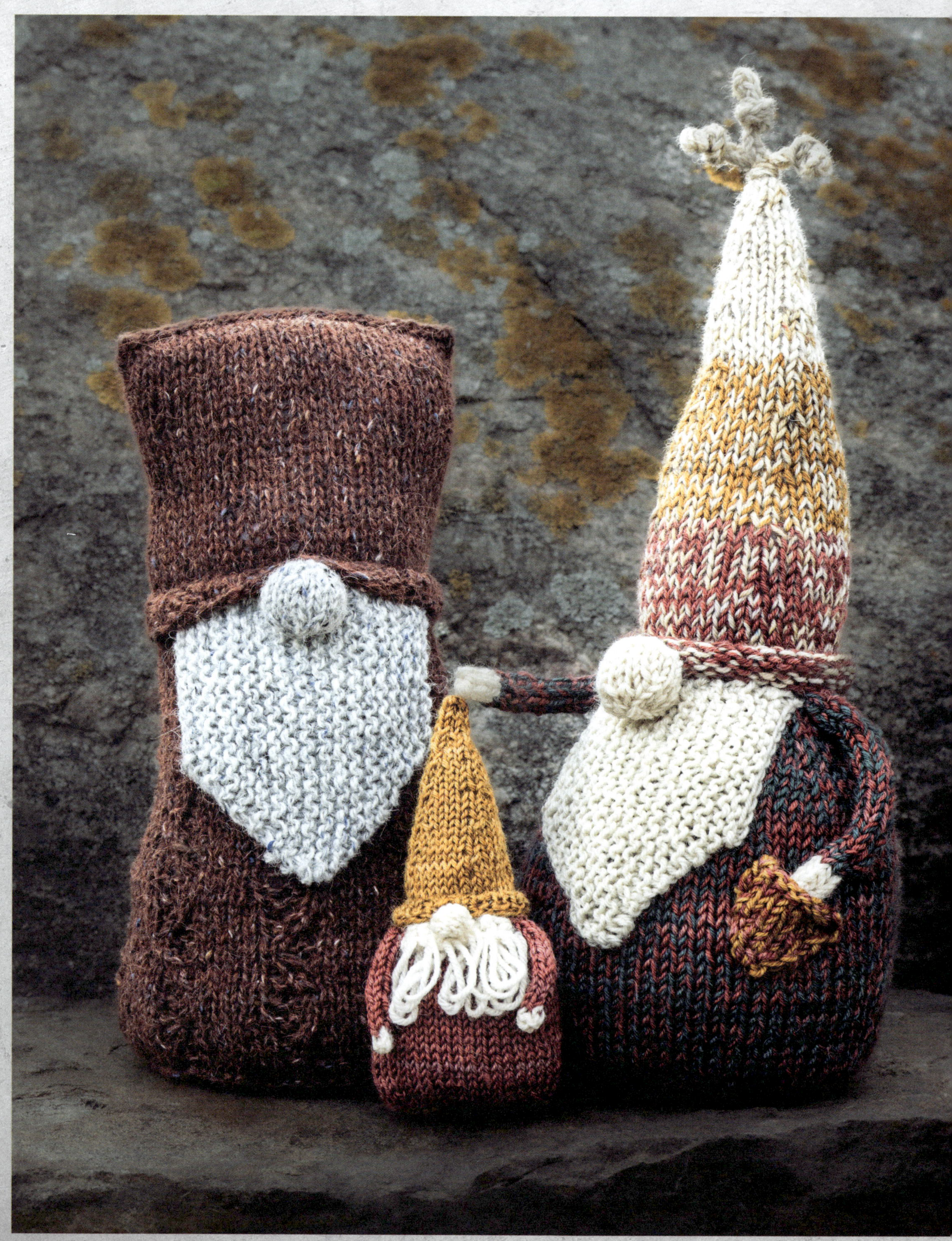

Inhalt

Die Wichtel

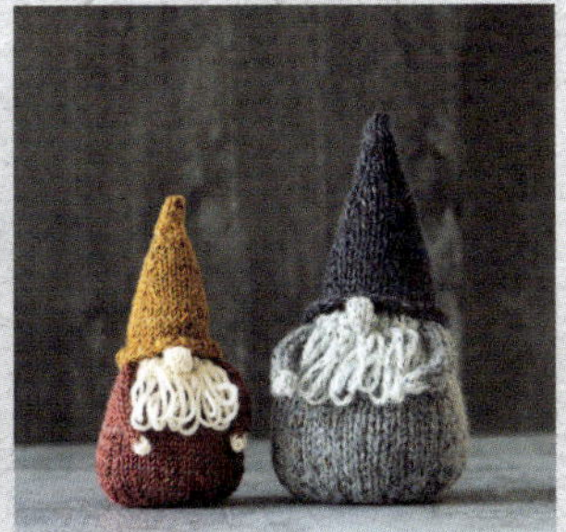

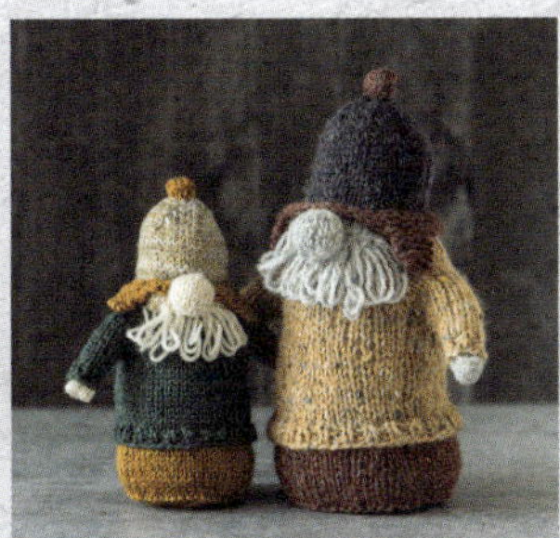

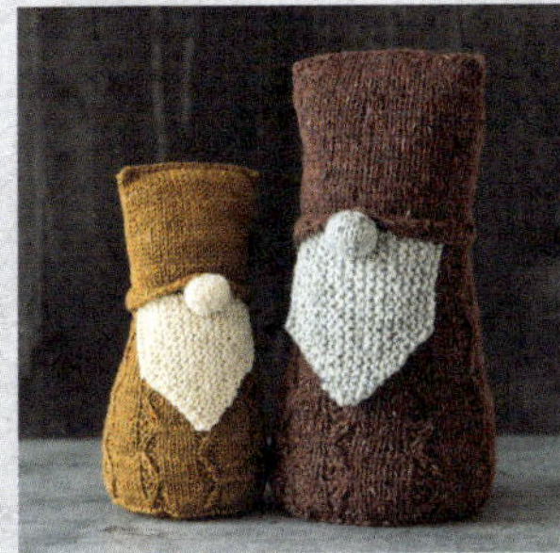

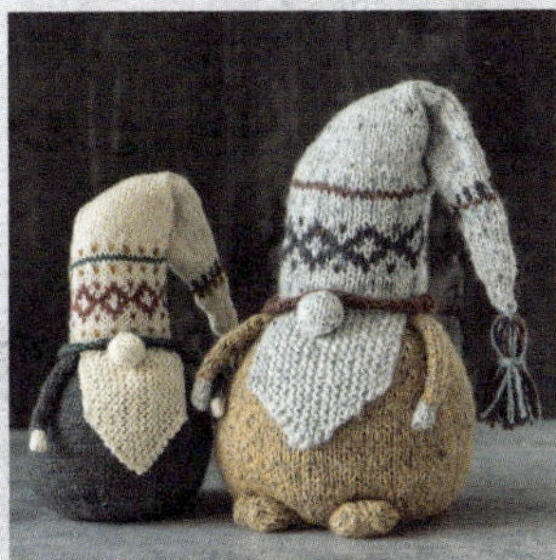

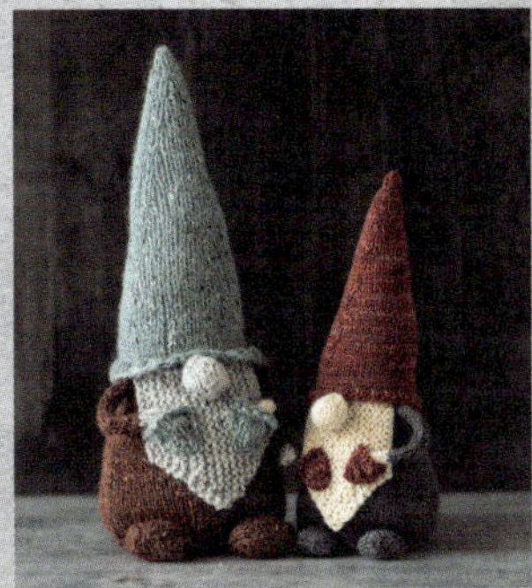

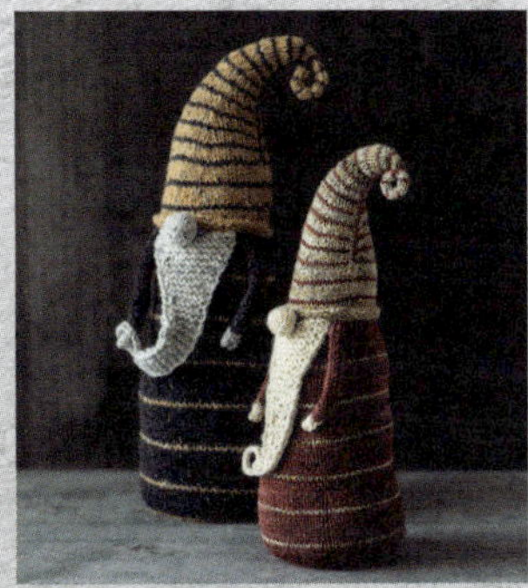

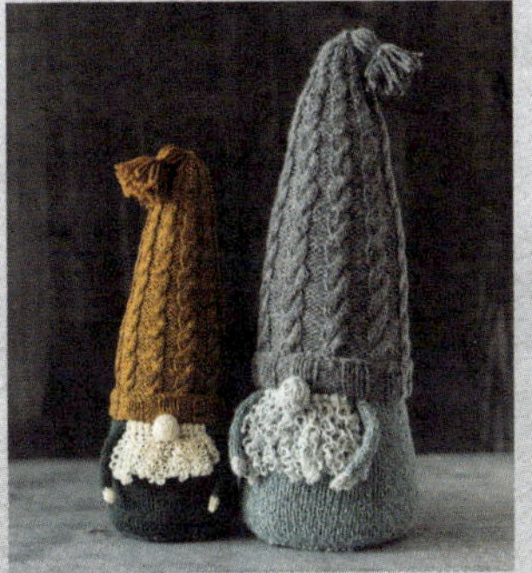

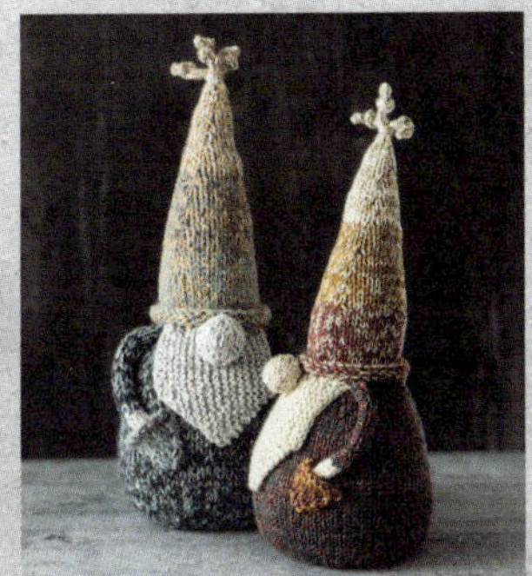

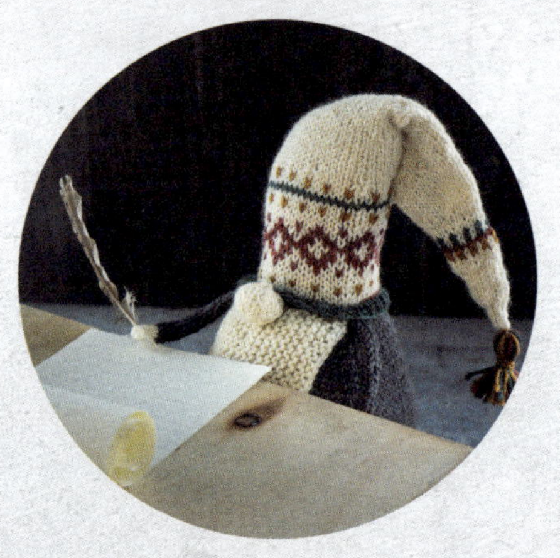

Einleitung

Es war einmal eine begeisterte Strickerin, die Wichtel und Zwerge liebte. Ihr war stets bitterkalt und sie konnte sich nicht erklären, warum sie statt warmer Pullover einen Wichtel nach dem anderen strickte. Doch eins war sicher: In dem Moment, in dem sie einen Bart annähte und der kleine Weihnachtshelfer zum Leben erwachte, mit einer ganz eigenen Persönlichkeit und Lebensgeschichte, träumte sie schon davon, den nächsten zu stricken. Aber diesmal mit einer roten Mütze. Oder mit einem langen dünnen Bart. Oder mit Zopfmuster.

Ihre Familie war etwas verwundert über die wachsende Anzahl an Wichteln, die sich auf ihrem Regal drängten. Wenn ihr Sohn sie beim Stricken sah, scherzte er: „Mama ist # Never Not Gnoming". Sie war also „# ImmerAmWichteln!", was ein merkwürdiger Zeitvertreib sein mag, aber er bereitete ihr Freude.

Sie veröffentlichte ein Strickmuster, das sie „Never Not Gnoming" nannte – inspiriert durch den Witz ihres Sohnes. Sie rechnete fest damit, dass höchstens zwölf Menschen gemeinsam mit ihr einen Wichtel stricken würden und dass sie danach wieder ganz für sich eine Wichtel-Variation nach der anderen stricken würde – alleine, abgesehen von den Wichteln natürlich.

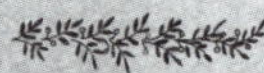

Doch, liebe Leserinnen und Leser, so endete die Geschichte nicht. Dieses Buch ist der Beweis, dass die Geschichte der Wichtel noch lange nicht zu Ende geschrieben ist.

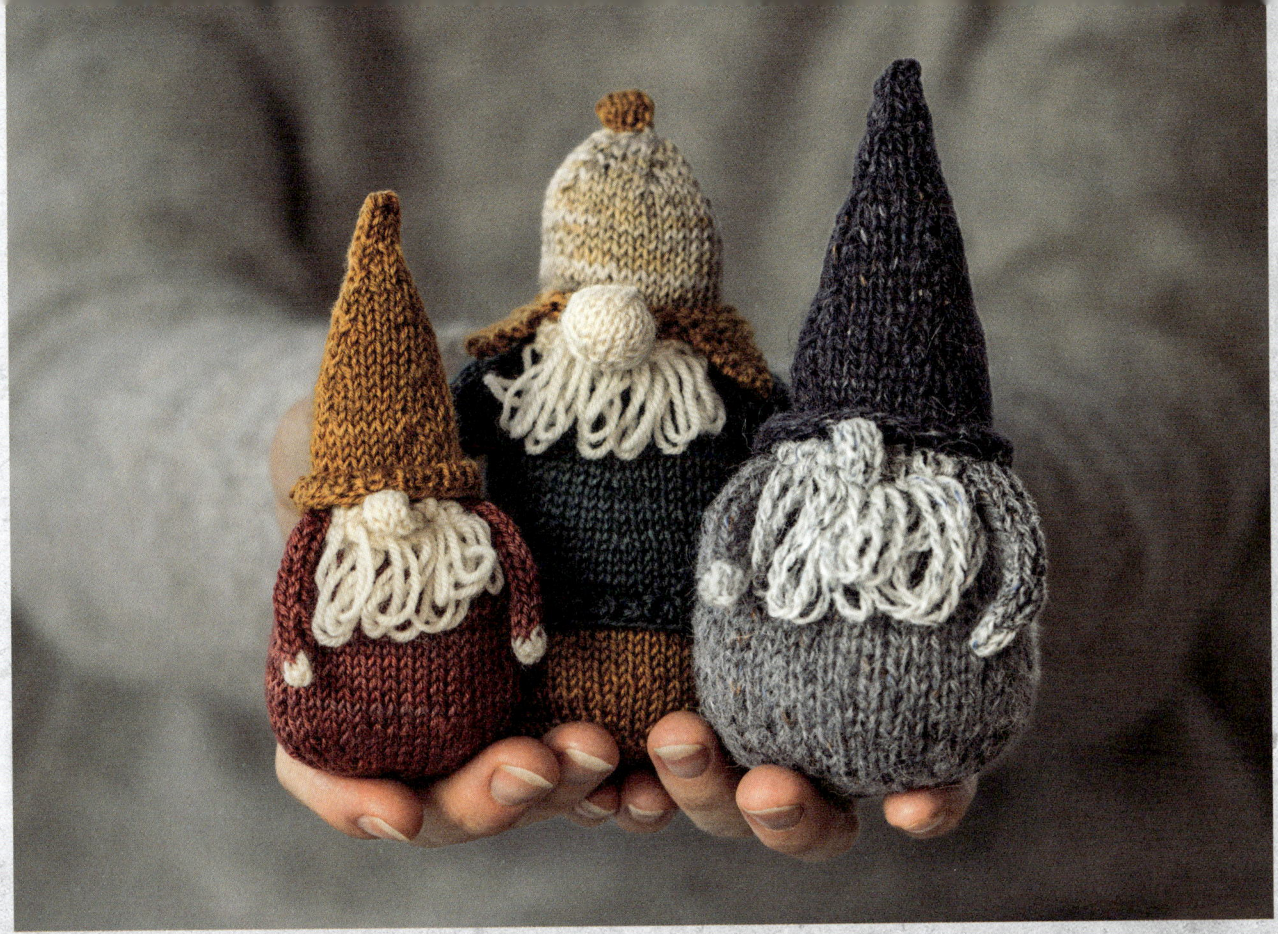

Anfangs dachte ich noch, ich würde die Wichtel nur zur Vorweihnachtszeit im Dezember hervorholen, aber es machte mich ganz unglücklich, sie danach wieder wegzupacken. Im nächsten Jahr erzählte ich allen, die Wichtel seien „Schneewichtel“, die zum ersten großen Schneesturm im Herbst hervorkämen und nicht wieder verstaut würden, bevor nicht der letzte Schnee im Garten geschmolzen sei. So konnten wir bei uns in Kanada im November gemeinsam die ersten Schneeflocken begrüßen, die aus eisigen Wolken auf uns herabfielen, und im April freudig den Schnee beim Schmelzen beobachten. Es dauerte natürlich nicht lange, bevor ich den Wichteln dann doch eine ganz eigene Vitrine kaufte und mich damit abfand, dass sie für mich ein ganzjähriges Vergnügen waren – aber vielleicht fangen Sie erst mal mit Weihnachten an.

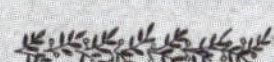

Was ist das Besondere an Wichteln? Ja, es sind kurzweilige, dankbare Projekte. Ja, sie eignen sich zum Aufbrauchen von Garnresten. Ja, sie sind das perfekte Geschenk, um Menschen zum Lächeln zu bringen. Ja, sie bieten Gelegenheit, mit Farben zu experimentieren. Ja, sie sind ausgezeichnet, um neue Stricktechniken auszuprobieren, weil das Resultat am Schluss niemandem passen muss und ein schiefer Wichtel noch viel mehr nach Wichtel aussieht. Aber ich glaube es gibt zwei Dinge, die Wichtel so besonders machen.

Zum einen sind sie rein zum Vergnügen da. In einer Welt, in der erwartet wird, dass wir überwiegend ernst und produktiv sind, sagen wir mit dem Stricken eines kleinen Mützenträgers demonstrativ: „Ich spiele.“ Zum anderen gibt es da diesen magischen Moment beim Fertigstellen eines Wichtels. Wir alle sind wohlvertraut mit dem Prozess des Strickens. Doch wenn Sie dann alle Einzelteile zusammenfügen und die Nase annähen ... Dann macht es „Zack“, und der Wichtel ist nicht mehr nur ein Strickprojekt, sondern ein kleines Wesen. In diesem Moment erschaffen wir etwas.

Ich wünsche mir, dass Sie mit diesen Strickmustern herumexperimentieren. Bringen Sie Ihre eigenen Ideen ein und probieren Sie Neues. Wichtel eignen sich dazu ganz ausgezeichnet. Um Ihnen den Einstieg besonders einfach zu machen, habe ich vier der Wichtel so konzipiert, dass die Elemente untereinander austauschbar sind: Weil die Maschenanzahl der Mützenbündchen gleich ist, lassen sich die unterschiedlichen Mützenarten mit den verschiedenen Körperformen von Waldfried, Waldburg, Waldo und Waldebert frei kombinieren.

Viel Spaß! Und immer daran denken, dass in der Welt der Wichtel nicht geurteilt wird. Je schiefer der Wichtel, desto mehr Charakter hat er.

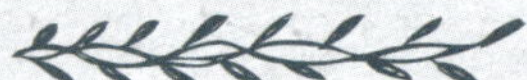

Material

Um einen Wichtel zu stricken sind vier Dinge unverzichtbar: Garn, weiche Füllung, Füllung zum Beschweren und Humor: Man darf sich selbst nicht allzu ernst nehmen.

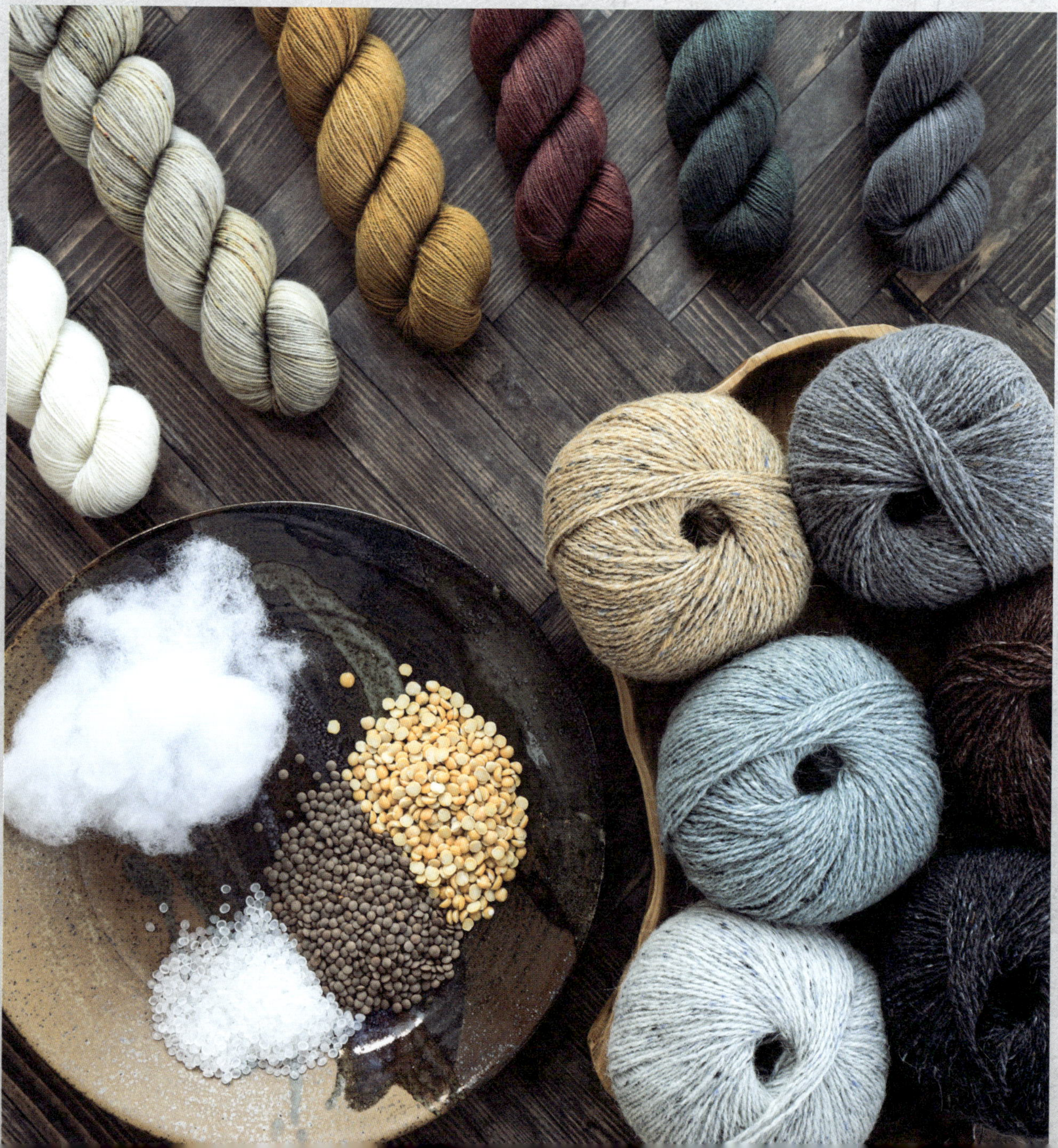

Garne

Die Wichtel werden relativ fest gestrickt, daher empfehle ich, Garne zu verwenden, die etwas Spiel haben und dehnbar sind, um die Handgelenke zu schonen. Für die Wichtel verwende ich am liebsten Garne mit hohem Wollanteil, da Wolle sich toll stricken und in Form bringen lässt, sodass Ihre Arbeit richtig zur Geltung kommt. Ich habe die folgenden Garne und Garnstärken verwendet:

- **Garn der Stärke „Fingering" (empfohlene Nadelstärke 2,25–3,25 mm) für die kleinen Wichtel:**
  Miss Babs Katahdin 437 (100 % superwash-behandelte Bluefaced-Leicester-Wolle, 100 g / 400 m), verwendete Farben: Blackwatch, Carina, Corset, Gold Rush, Old Gold, Naked. Die Garne von Miss Babs können über die Website des Herstellers www.missbabs.com auch nach Deutschland geordert werden. Einige Farben von Miss Babs Katahdin sind bei www.strickmich-shop.de erhältlich. Als Ersatzgarn kommt beispielsweise Cheeky Merino Joy von Rosy Green Wolle infrage, das über die Website www.rosygreenwool.com/de, über den Strickmich-Shop und große Online-Händler erhältlich ist. Selbstverständlich können Sie auch Garne anderer Hersteller verwenden, solange die Garnstärke zur Stärke der angegebenen Stricknadeln passt.
- **Garn der Stärke „DK" (empfohlene Nadelstärke 3,75–4,5 mm) für die großen Wichtel:**
  Rowan Felted Tweed (50 % Merinowolle, 25 % Alpaka, 25 % Viskose, 50 g / 175 m), verwendete Farben: 170 Seafarer, 191 Granite, 193 Cumin, 196 Barn Red, 197 Alabaster, 209 Eden. Auf der Herstellerwebsite finden Sie unter www.knitrowan.com/de/products/felted-tweed-colour eine Farbkarte und eine Händlerübersicht.

Auf Seite 92 und 93 steht eine Tabelle. Dort habe ich für jeden Wichtel in diesem Buch die Größe, die genauen Garnmengen und die Nadelstärken angegeben. Wenn Sie lieber mit einer anderen Garnstärke stricken möchten, tun Sie sich keinen Zwang an! Probieren Sie sich aus und haben Sie Spaß dabei. Ich empfehle Ihnen dann, Nadeln zu wählen, die zwei Nadelstärken kleiner sind, als auf der Garnbanderole angegeben, und zu schauen, wie die Strickarbeit damit ausfällt. Das Gewebe sollte Substanz haben und etwas steifer sein, damit der Wichtel aufrecht steht, und es sollte dicht genug sein, damit das Füllmaterial nicht durchblitzt. Die tatsächlich benötigte Garnmenge kann von den hier gemachten Angaben abweichen, stellen Sie also sicher, dass Sie beim Garnkauf immer ein Puffer einplanen.

P. S. Die Bärte verleihen den Wichteln Individualität. Vielleicht möchten Sie mit der Garnstruktur experimentieren und für die Bärte Bouclé-, Mohair- oder Kunstfellgarn ausprobieren!

Füllmaterial

Weiche Füllung

Für das weiche Füllmaterial gibt es zwei Optionen:

- **Füllwatte:** ein handelsübliches Füllmaterial aus Kunststoff, das in Läden für Bastelbedarf erhältlich ist. Füllwatte eignet sich etwas besser, wenn die fertige Arbeit häufig gewaschen wird, sie könnte also die richtige Wahl sein, wenn der Wichtel für ein Kind gedacht ist.
- **Füllwolle:** eine ungesponnene Wolle, auch als Vorgarn bezeichnet. Füllwolle gibt es in unterschiedlichen Qualitätsgraden (und Preisklassen) und sie ist häufig bei Wollspinnereien oder in Garngeschäften erhältlich, die Materialien zum Spinnen führen.

HINWEIS: Sie brauchen mehr Füllmaterial, als Sie anfangs vielleicht denken!

Füllung zum Beschweren

Indem Sie die Wichtel unten mit Füllung beschweren, bevor Sie sie schließen, verlagert sich der Schwerpunkt der langen, schmalen Wichtel und sie gewinnen Stabilität. Es gibt verschiedenste Arten von Füllmaterial zum Beschweren:

- **Füllgranulat:** kleinen Kunststoffkügelchen, die Sie beim Bastelbedarf finden. Das Granulat ist ideal für Wichtel, die vielleicht gewaschen werden müssen.
- **Getrocknete Bohnen, Linsen, halbierte Erbsen:** eignen sich vor allem, wenn Sie in eher trockenem Klima leben, wo es keine Probleme mit Ungeziefer gibt. Die Bohnen sollten klein sein, damit Ihre Wichtel nicht klobig aussehen.
- **Alles, was klein ist und sich zum Füllen eignet**: Experimentieren Sie mit Aquarienkies, Glaskügelchen für Floristen, Cent-Münzen, Knöpfen, großen Metallunterlegscheiben, Flusskies, Zedernholz-Mottenringen und mit allem, was Ihnen geeignet zu sein scheint.

Bei der Wahl des Füllmaterials gibt es zwei wichtige Überlegungen. Zum einen ist ausschlaggebend, ob der Wichtel als Spielzeug gedacht ist. Wenn ja, sollten Sie beachten, dass Kinder einen Wichtel auch gerne mal durch den Raum werfen oder sich gegenseitig über den Kopf ziehen. Wählen Sie etwas, das Ihren Wichtel nicht in eine Waffe verwandelt, oder lassen Sie die Füllung zum Beschweren gleich ganz weg.

Zum anderen ist zu bedenken, ob das Material durch das gestrickte Gewebe herausflutschen könnte. In der Regel sollte das bei einem fest gestrickten Garn der DK-Stärke oder einer noch dünneren Garnstärke kein Problem sein. Sie können das Füllmaterial auch in einen Beutel aus Gaze oder in die Spitze eines Nylonstrumpfs füllen und den Wichtel damit ausstopfen.

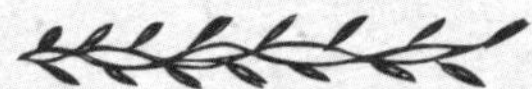

Utensilien

Kurzwaren

Sie benötigen Standard-Strickzubehör, wie:

- **eine Schere** – um das Garn abzuschneiden.
- **eine Wollnadel** – zum Zusammennähen der Einzelteile und Vernähen der Garnenden.
- **einen Maschenmarkierer** – offene und geschlossene.
- **eine Zopfnadel** – für Zopfmuster.

Nadeln

Die Wichtel haben einen sehr geringen Umfang, daher benötigen Sie Nadeln, die dafür geeignet sind, Schläuche mit geringem Umfang in Runden zu stricken. Sie können zwei Nadeln eines Nadelspiels mit zwei Strickspitzen verwenden, mit der Magic-Loop-Methode oder mit zwei Rundnadeln arbeiten. Es gibt auch Nadelspiele mit biegsamen Nadeln (z. B. FlexiFlips oder CraSyTrio von addi), die zwei Spitzen besitzen und die Sie verwenden können.

Für die Abschnitte des Wichtels mit größerem Umfang eignen sich auch kurze Rundnadeln, wie sie zum Sockenstricken eingesetzt werden. Für die schmaleren Abschnitte müssen Sie dann jedoch zu einer anderen Methode wechseln.

Nadeln zu finden, mit denen Sie persönlich gut arbeiten können, ist entscheidend. Wenn Sie sich schwer tun, geben Sie sich nicht selbst die Schuld. Probieren Sie es stattdessen mit Nadeln aus einem anderen Material oder mit einer anderen Strickmethode. Ich rate dazu, keine glatten Nadeln zu verwenden, denn mit ihnen lässt es sich nur sehr schwer arbeiten, wenn sich nur wenige Maschen auf der Nadel befinden. Rutscht die Nadel heraus, wenn man an der Spitze einer Wichtelmütze angekommen ist, kann einem das schnell mal die Stimmung verhageln. Ich benutze gerne Nadeln aus Kohlenstofffaser, weil sie griffig sind wie Holznadeln und gleichzeitig steif und spitz wie Metallnadeln. Außerdem liegen sie angenehm warm in der Hand.

Ich habe die Anleitungen so verfasst, dass keine bestimmte Nadelwahl vorausgesetzt wird – da lasse ich Ihnen alle Freiheiten! Die Anleitungen sind in Abschnitte unterteilt und es werden Maschenmarkierer eingesetzt, um diese Abschnitte zu kennzeichnen. Sie können die Maschen so auf die Nadeln verteilen, wie es für Sie am besten ist.

Wenn Sie alle Wichtel in diesem Buch stricken wollen, benötigen Sie die folgenden Nadelstärken:

- 2,25 mm
- 2,5 mm
- 3,25 mm
- 3,5 mm
- 4 mm
- 4,5 mm

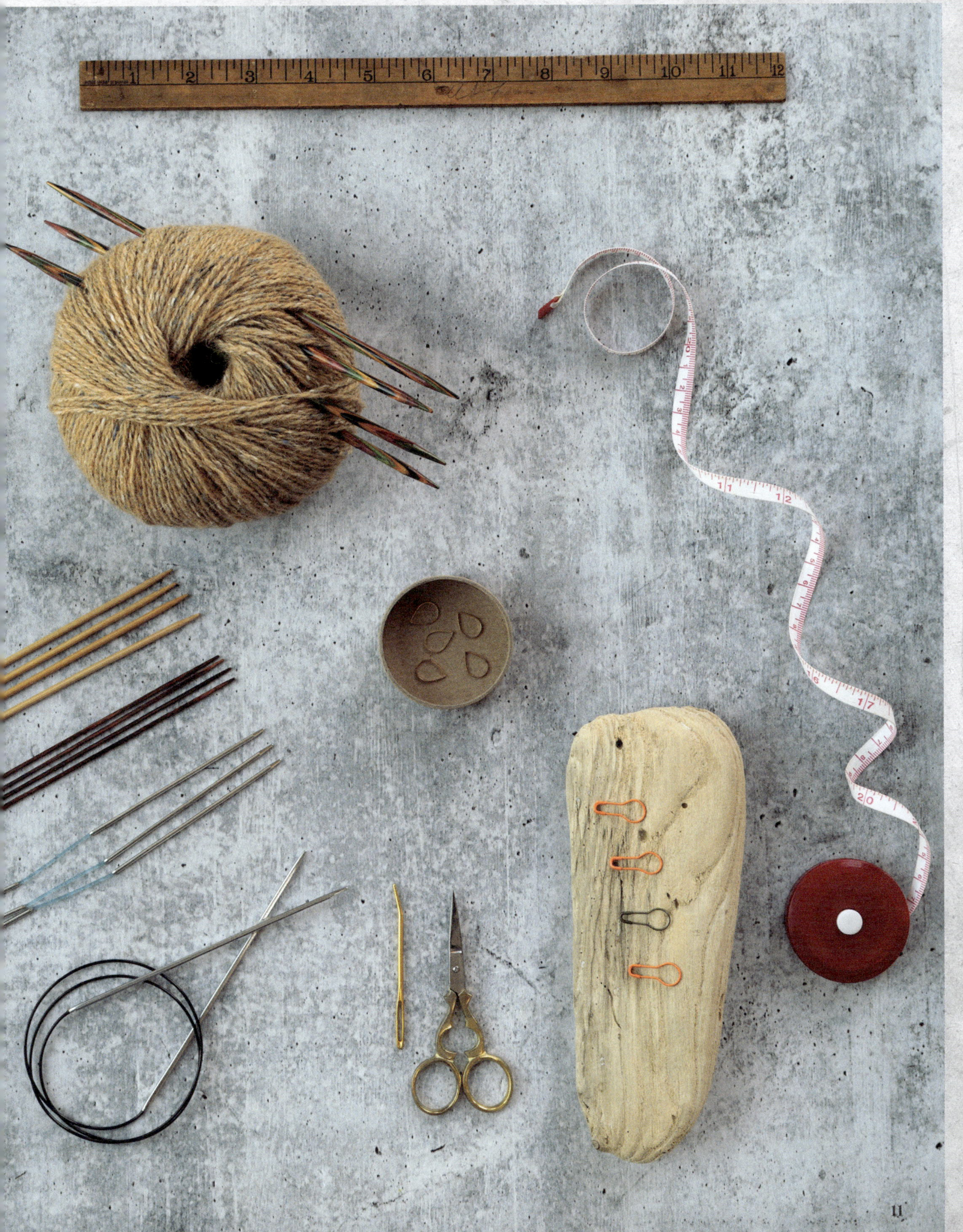

Abkürzungen

abh = abheben wie zum Linksstricken

Abn = Abnahme

anschl = anschlagen

FhA = mit Faden hinter der Arbeit

li gen Abn-abgw = nach links geneigte Abnahme:
2 Maschen abheben, die erste wie zum Rechtsstricken und die zweite wie zum Linksstricken; mit der linken Nadelspitze vor der rechten Nadel von links nach rechts durch diese Maschen stechen und mit der rechten Nadel beide Maschen rechts zusammenstricken (1 Abnahme).

li gen Zun = nach links geneigte Zunahme:
mit der linken Nadel den Querfaden von vorne nach hinten aufnehmen, diese Schlaufe rechts verschränkt abstricken (1 Zunahme)

li S = linke Seite der Arbeit

M = Maschen(n)

M li str = Masche(n) links stricken

M re str = Masche(n) rechts stricken

MM = Maschenmarkierer

MM abh = Maschenmarkierer abheben

MM entf = Maschenmarkierer entfernen

MM setzen = Maschenmarkierer setzen

Ndlsp = Nadelspiel

RdAnf = Rundenanfang

RdEnde = Rundenende

re gen Zun = nach rechts geneigte Zunahme:
mit der linken Nadel den Querfaden von hinten nach vorne aufnehmen, diese Schlaufe rechts abstricken (1 Zunahme)

re S = rechte Seite der Arbeit

verschr = verschränkt

wdh = wiederholen

ZNd = Zopfnadel

Zun = Zunahme

TIPP: Kopieren Sie sich zu Beginn diese Abkürzungsliste und legen Sie sie neben Ihre Arbeit. Sie werden erstaunt sein, wie schnell Ihnen diese Abkürzungen geläufig sind!

1 M re verdopp = 1 Masche rechts verdoppeln:
dieselbe Masche einmal rechts und einmal rechts verschränkt abstricken (1 Zunahme).

1 M re verdopp-abgw = 1 Masche rechts verdoppeln:
abgewandelte Variante: Masche rechts stricken, dann mit der rechten Nadelspitze wie zum Verschränktstricken von hinten in die gleiche Masche einstechen, anstatt sie erneut zu stricken, die Schlaufe von der linken Nadel abheben (1 Zunahme)

1/1 re verz = 1 über 1 Masche nach rechts verzopfen:
1 Masche auf Zopfnadel heben und hinter die Arbeit legen, 1 Masche rechts stricken, 1 Masche von der Zopfnadel rechts stricken.

2 M li verkr = 2 Maschen nach links verkreuzen:
zweite Masche auf der linken Nadel rechts verschränkt stricken, danach die erste Masche rechts stricken und beide Maschen von der linken Nadel heben.

2 M li zusstr = 2 Maschen links zusammenstricken (1 Abnahme)

2 M re verkr = 2 Maschen nach rechts verkreuzen:
2 Maschen rechts zusammenstricken, dabei die Maschen auf der linken Nadel lassen, dann die erste Masche nochmal rechts abstricken, beide Maschen von der linken Nadel heben.

2 M re zusstr = zwei Maschen rechts zusammenstricken (1 Abnahme)

2/1 re verz = 2 über 1 Masche nach rechts verzopfen:
1 Masche auf Zopfnadel heben und hinter die Arbeit legen, 2 Maschen rechts stricken, 1 Masche von der Zopfnadel rechts stricken.

2/2 re verz = 2 über 2 Maschen nach rechts verzopfen:
2 Maschen auf Zopfnadel heben und hinter die Arbeit legen, 2 Maschen rechts stricken, 2 Maschen von der Zopfnadel rechts stricken

3/2 re verz = 3 über 2 Maschen nach rechts verzopfen:
2 Maschen auf Zopfnadel heben und hinter die Arbeit legen, 3 Maschen rechts stricken, 2 Maschen von der Zopfnadel rechts stricken.

3/3 re verz = 3 über 3 Maschen nach rechts verzopfen:
3 Maschen auf Zopfnadel heben und hinter die Arbeit legen, 3 Maschen rechts stricken, 3 Maschen von der Zopfnadel rechts stricken.

Techniken und Tipps

Wichtel als Spielzeuge

Tipps, um Ihre Wichtel in Spielzeuge zu verwandeln, sind über das ganze Buch verteilt, aber die drei wichtigsten Punkte habe ich hier zusammengefasst:

- **Stellen Sie sicher, dass alle Teile gut befestigt sind.** Jeder Zipfel eines Spielzeugs kann als Tragegriff dienen. Beim Zusammennähen aus mehreren Richtungen einstechen und die Stiche näher zusammenrücken.
- **Spielzeuge sollten fester mit weicher Füllung ausgestopft werden** als reine Dekoelemente, um den vielen Umarmungen standzuhalten.
- **Verwenden Sie keine Füllung zum Beschweren, die Schaden anrichten könnte,** falls der Wichtel ein anderes Kind am Kopf trifft oder auch einen Erwachsenen! Je nach Menge des Füllmaterials, das Sie zum Beschweren verwenden, füllen Sie es in einen Beutel aus Gaze oder in die Spitze eines Nylonstrumpfs, den Sie abschneiden und verknoten, um die Füllung an Ort und Stelle zu halten. Wenn Sie mit DK-Garn bzw. dickerem Garn arbeiten, ist das besonders wichtig.

Anschlagen und Abketten

Verwenden Sie den Kreuzanschlag zum Anschlagen der Maschen, wenn nicht anders angegeben. Bei Arbeiten, für die sich diese Anschlagtechnik ganz besonders gut eignet, erinnere ich Sie in den Anleitungen noch einmal daran, sie zu verwenden. Zum Abketten verwende ich entweder die gewöhnliche Abkettmethode durch Überziehen oder ich kette mit drei Nadeln ab, d. H. ich stricke zwei Maschenreihen zusammen und kette sie dabei gemeinsam ab. Mit der zweiten Methode lassen sich Nähte sicher und unsichtbar schließen und es sind keine genähten Maschenstiche notwendig.

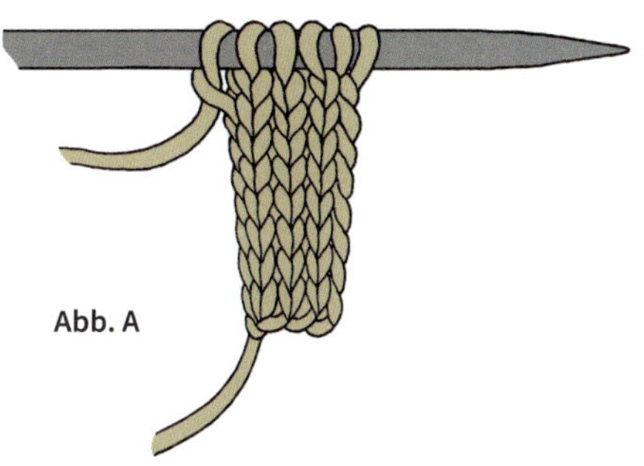

Abb. A

Maschenmarkierer

Für alle Wichtelanleitungen gilt: Die Maschenmarkierer abheben, wenn Sie sie erreichen.

Strickschnur

Mit dieser Methode lässt sich auf ziemlich magische Weise ein schmaler Schlauch stricken, ohne dafür 2 bis 6 Maschen in Runden stricken zu müssen.

Eine Strickschnur stricken: Die in der Anleitung angegebene Anzahl Maschen stricken. Die Arbeit nicht wenden. Die Maschen ans andere Ende der gleichen Nadel schieben, die Nadel in die linke Hand nehmen, den Arbeitsfaden hinter der Arbeit an den Nadelanfang führen und die Maschen erneut stricken. Diesen Vorgang wiederholen, um eine Strickschnur, auch I-Cord genannt, zu stricken. Nach ein paar Runden beginnt sich der Schlauch zu formen (siehe **Abb. A**).

Tipps zu Strickschnüren

- Beim Stricken einer Strickschnur zeigt die rechte Seite der Arbeit stets zum Körper.
- Wenn Sie mit Rundnadeln arbeiten, kann es schneller gehen, die Maschen wieder auf die linke Nadelspitze zu heben, anstatt sie über das gesamte Kunststoffseil zu schieben.
- Die linke Seite der Strickschnüre sieht häufig etwas locker aus, insbesondere, wenn Sie mit mehr als 4 Maschen arbeiten. Um dem entgegenzuwirken, stricken Sie die erste Masche besonders fest, um das Fadenstück, das hinter der Arbeit entlang geführt wird, möglichst kurz zu halten. Wenn die Schnur dann fertig ist, rollen Sie sie vorsichtig zwischen den Handflächen; durch diesen kleinen Zaubertrick entsteht eine gleichmäßige Fadenspannung innerhalb der Schnur.

Maschen aus dem Mützenbündchen auffassen

Ich teile das Auffassen der Maschen und das anschließende Stricken der Maschen gerne in zwei Schritte auf. Bei den geringen Umfängen und der hohen Fadenspannung erleichtert das den Prozess enorm.

1. Das Mützenbündchen Richtung Spitze umschlagen, um mit den Nadeln nicht im Inneren der Mütze arbeiten zu müssen. Die Mützenspitze zeigt nach unten und die Öffnung zu Ihnen.

2. Die Maschen rundherum auffassen, dann das Garn für den Körper aufnehmen und damit stricken. Die Abbildungen unten zeigen das Auffassen von Maschen aus einem Rippenbündchen (siehe **Abb. B**) und einem Rollbündchen (siehe **Abb. C**). In den Tipps auf der rechten Seite erkläre ich genauer, wo und wie Sie die Maschen auffassen sollten.

3. Den Körper stricken – die Mützenspitze zeigt dabei nach unten – und darauf achten, dass die erste aufgefasste Masche auch die erste Masche in Runde 1 ist. Ich lasse die Mütze in der Regel umgeschlagen, bis ich etwa ein Drittel des Körpers gestrickt habe, damit sie mir nicht im Weg ist.

Tipps

- Beim Auffassen von Maschen kann man im Grunde nichts falsch machen. Sie können einen Maschenschenkel oder den Maschenkopf (meine bevorzugte Methode, die auch auf den Abbildungen zu sehen ist) auf die Stricknadel nehmen. Im Grunde müssen Sie nur die ungefähre Anzahl der benötigten Maschen auffassen – wenn nötig, können Sie in der nächsten Runde ein paar Maschen zu- oder abnehmen – und darauf achten, dass sie nicht verdreht und deshalb starr und unflexibel sind. Denken Sie immer daran, ein Wichtel verzeiht so einiges.
- In jeder Mützenanleitung wird ein offener Maschenmarkierer gesetzt, der kennzeichnet, wo Sie ansetzen müssen.
- Je nachdem, wie geübt Sie im Auffassen von Maschen sind, ist es vielleicht sinnvoll, zusätzlich einen Garnrest in einer Kontrastfarbe durch die Maschen der Runde zu führen. So entsteht ein signalfarbener Pfad, dem Sie später beim Maschenauffassen leicht folgen können.

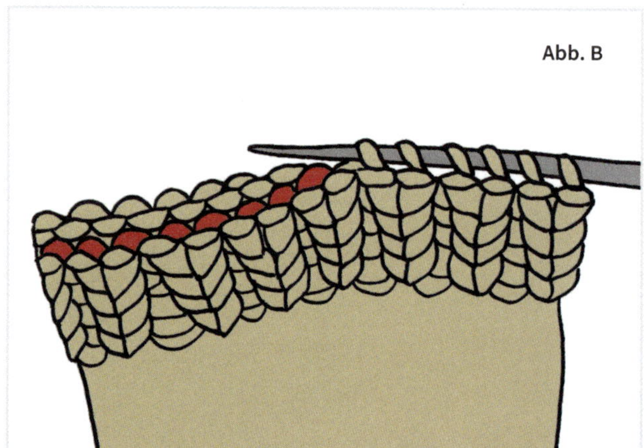
Abb. B

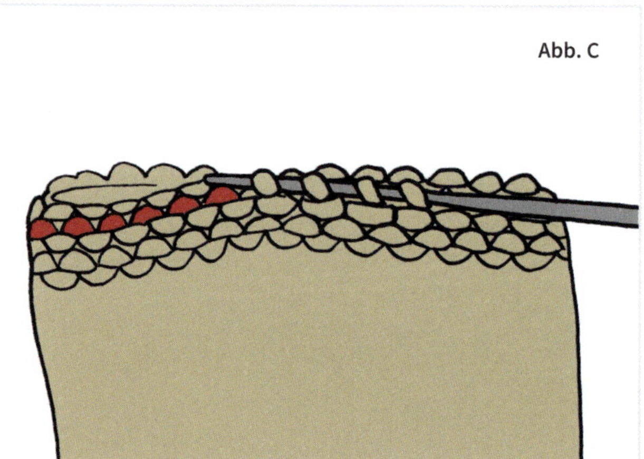
Abb. C

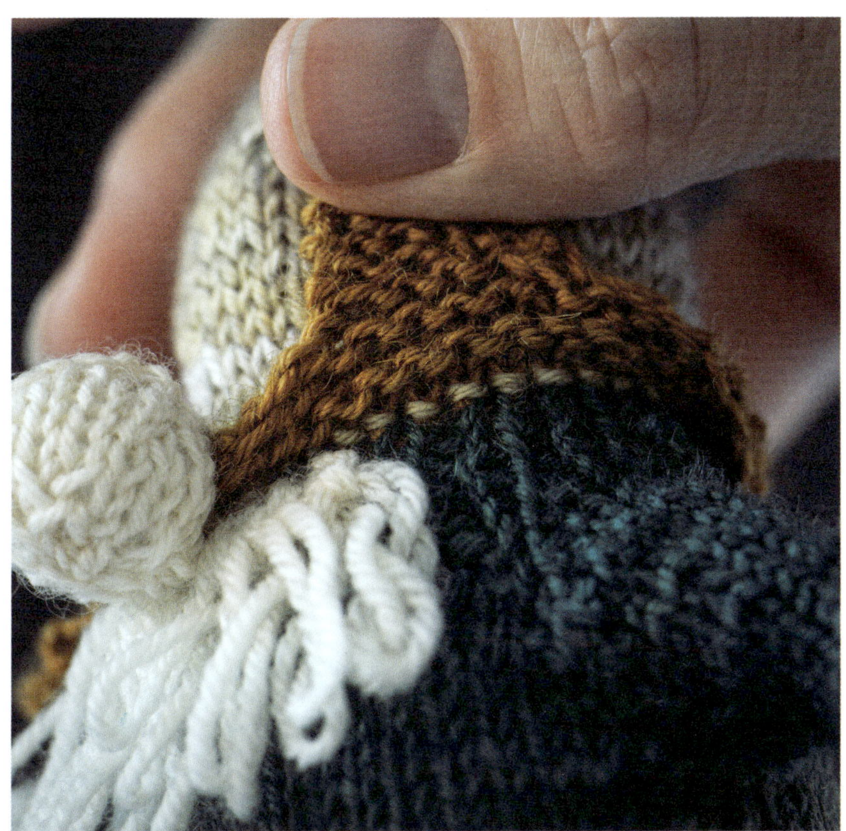

OBEN: Das Bündchen von Waldhilds kraus rechts gestrickter Ohrenklappenmütze und das daran anschließende Rippenmuster des Pullovers.

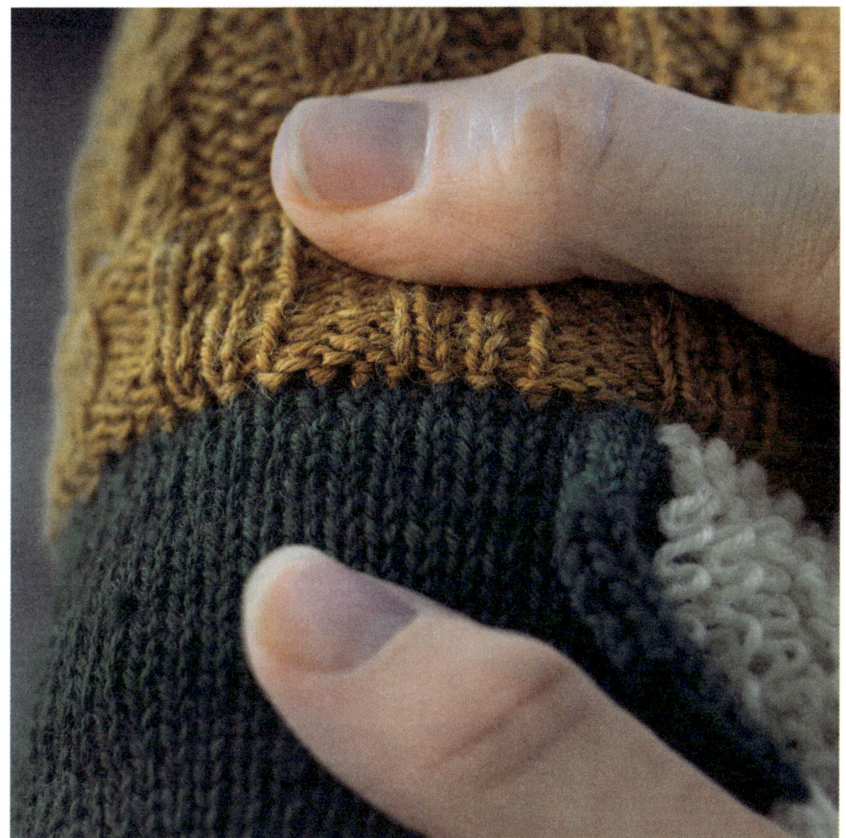

UNTEN: Nahaufnahme vom Rippenbündchen an Waldradas Mütze. Das Bündchen bleibt umgeschlagen und die Schlaufenköpfe bilden einen saubereren Übergang von der Mütze zum Körper.

In Form bringen

Nicht alle Wichtel müssen noch zusätzlich in Form gebracht werden. Viele der einfacheren Modelle sind in Ordnung wie sie sind. Andere Wichtel brauchen dagegen eine kleine Behandlung mit Wasser oder Dampf, um so richtig zu entspannen und sich der Welt von ihrer besten Seite zu zeigen. Insbesondere strukturierte und mehrfarbige Muster sowie Zopfmuster können etwas Unterstützung gebrauchen.

Es gibt zwei Möglichkeiten, um die Wichtel in Form zu bringen – Einweichen und Dämpfen.

HINWEIS: Ich meine nicht das aggressive Dämpfen und Spannen, das beispielsweise Lacemuster erfordern. Für unsere Zwecke reicht etwas Feuchtigkeit, damit das Garn sich legt und seine volle Schönheit entfaltet.

Abb. D

Einweichen

Diese Methode kommt vor allem dann zum Einsatz, wenn der Wichtel noch auf den Nadeln in Form gebracht werden soll – es sei denn, Sie behandeln nur die Mütze und lassen den Körper sein eigenes Ding machen.

1. Den Wichtel einweichen, bevor die Abnahmen für die Körperunterseite gestrickt werden. Sie können entweder den ganzen Wichtel in eine Schale mit Wasser tauchen und die Nadeln über den Rand baumeln lassen, anstatt sie ebenfalls im Wasser zu versenken oder Sie fädeln den Wichtel für diesen Schritt vorübergehend auf einen Garnrest.

2. Nachdem der Wichtel 5–15 Minuten im Wasser gelegen hat, das Wasser so gut es geht vorsichtig ausdrücken. Dann die Arbeit in ein Handtuch einrollen. Behutsam auf diese Wichtelrolle stellen und dabei auf die Nadeln achten – wer will schon Stiche in die Füße.

3. Den Wichtel zum Trocknen flach in der gewünschten Form auslegen – nicht zu sehr dehnen, einfach schön glatt und gleichmäßig auslegen. Auf diese Weise bilden sich wahrscheinlich Falten an den Seiten. Es hilft, den Wichtel während des Trocknens mehrmals zu wenden. Um Falten zu vermeiden, können auch ein Geschirrhandtuch zu einer Rolle formen und damit den Körper und einen Teil der Mütze von innen auspolstern (siehe **Abb. D**). Dabei sollte die Rolle kleiner sein als der Wichtel, um das Gewebe nicht auszuleiern. Wenn Sie diese Methode anwenden, positionieren Sie das Handtuch so, dass der Wichtel an den Rändern nicht zu flach wird, denn die Seiten sollten eine sanfte Rundung haben und keine deutlichen Knicke. Achten Sie auch darauf, dass sich die Form der spitz zulaufenden Mütze nach oben hin nicht verzieht.

Dämpfen

Das Dämpfen verändert das Erscheinungsbild der Strickarbeit weniger stark als das Einweichen, aber es hat trotzdem eine schöne Wirkung auf das Gewebe. Ein Vorteil davon ist, dass Sie den Wichtel ganz zum Schluss dämpfen können – nachdem er gestrickt, ausgestopft und fertiggestellt ist. Ein weiterer Vorteil ist, dass Sie diese Methode auch bei mehrfarbigen Wichteln anwenden können, da Sie nicht befürchten müssen, dass die Garne abfärben –ich denke da an einen tragischen Vorfall mit einem bunt gemusterten Wichtel im Jahr 2019.

Den Wichtel entweder mit einem Bügeleisen oder mithilfe eines Dampfglätters mit Dampf einhüllen und dabei drehen. Achten Sie auf Ihre Hände, damit Sie sich nicht verbrühen! Vor dem Trocknen und Abkühlen, das Gewebe glatt streichen und alles in die gewünschte Position bringen.

Ausstopfen

1. Die weiche Füllung portionsweise entnehmen, mit den Fingern auseinanderziehen und kleine Büschel formen. Damit den Wichtel nach und nach ausstopfen. Am besten ist es, das Innere des Wichtels in Schichten auszufüllen, da so keine Lücken oder Klumpen entstehen. Beim Arbeiten mit weicher Füllung stelle ich mir gerne vor, dass ich einen Stapel Pfannkuchen aufschichte und nicht den Hohlraum mit einer Menge Äpfel fülle. Mit der einen Hand den Wichtel von innen ausstopfen, gleichzeitig mit der anderen Hand von außen nach Lücken tasten und in Form drücken.

2. Nach der Füllung zum Beschweren eine runde Schicht weiche Füllung hinzufügen, die größer ist als das Loch an der Unterseite, und sie an den Seiten zwischen das gestrickte Gewebe und die Füllung zum Beschweren stecken. So fallen die Kügelchen, Bohnen oder andere Kleinteile, die Sie zum Beschweren verwenden, beim Stricken der letzten Abnahmen nicht heraus. Außerdem lässt sich so auch das Gleichgewicht des Wichtels vor dem Schließen prüfen: Den Wichtel auf die Handfläche stellen und etwas hin und her wackeln – fällt er sofort um? Wenn ja, dann stimmt das Verhältnis der Füllungen nicht und es mangelt an Füllung zum Beschweren.

HINWEIS: Hat der Wichtel eine Krausrippe an der Unterseite, nur bis zu dieser Kante ausstopfen – die Unterseite sollte flach bleiben.

3. Nach dem Ausstopfen die letzten Runden stricken. Am ausgestopften Wichtel weiterzustricken ist etwas schwierig, daher empfehle ich, den Wichtel auf dem Schoß oder Tisch abzulegen, oder ihn vielleicht sogar in ein Glas zu stecken und auf den Tisch zu stellen. Große Wichtel können Sie auch auf die Seite auf den Tisch oder Schoß legen und dann während des Arbeitens drehen. Damit die letzten Runden nicht zu locker werden, sollten Sie das Gewicht des ausgestopften Wichtels in jedem Fall irgendwie abstützen.

4. Vor dem Verknoten des Garnendes noch einmal überprüfen, ob Sie mit dem Aussehen und der Verteilung der Füllung zufrieden sind.

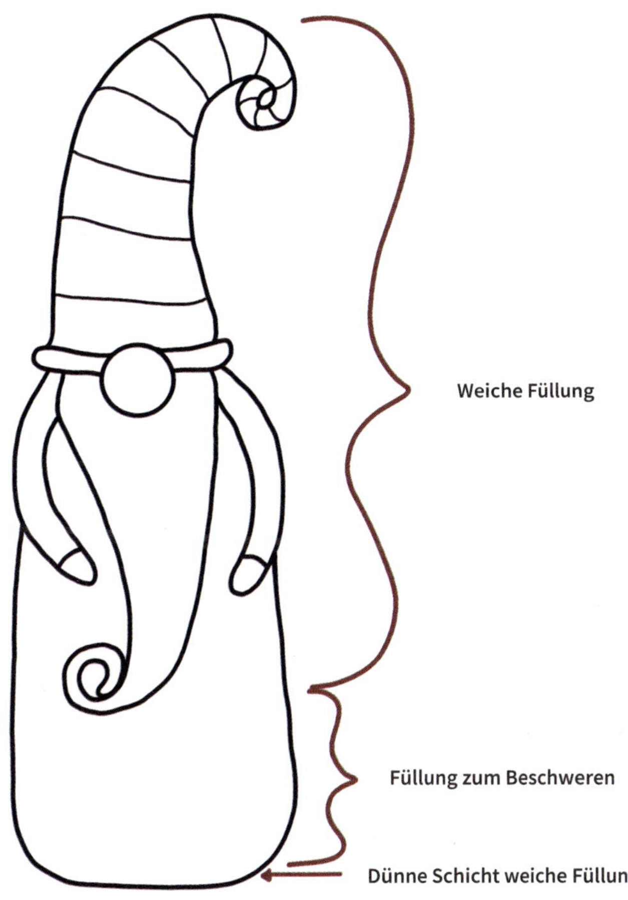

Fertigstellung

Das Stricken ist die eine Sache, doch die perfekte Fertigstellung zu meistern kann etwas Übung erfordern. Nicht vergessen, Sie können die Einzelteile auch wieder abnehmen und neu befestigen. Warten Sie daher mit dem Verknoten und Abschneiden der Garnenden ab, bis Sie zufrieden sind.

Garnenden

Wenn nicht anders angegeben, beim Abschneiden ein etwa 10 cm langes Fadenende überstehen lassen.

Um das Fadenende an einem Wichtel zu verknoten, an dem die linke Seite nicht zugänglich ist, die Wollnadel unter dem Querfaden zwischen zwei Maschen hindurchführen, sodass eine Schlaufe entsteht. Die Nadel zweimal durch die Schlaufe führen (siehe **Abb. E**), den entstandenen Knoten mit Daumen und Zeigefinger so nah wie möglich an die Maschen schieben und gleichzeitig mit der anderen Hand am Fadenende festziehen. Mit der Nadel durch den Wichtel stechen und sie an der anderen Seite wieder herausführen. Am Fadenende ziehen, sodass der Knoten im Inneren des Wichtels verschwindet. Das Fadenende straff ziehen und kurz über den Maschen abschneiden – es verschwindet dann im Inneren des Wichtels.

Mützenbündchen

Der Charme der Wichtel liegt auch darin, dass ein Teil ihres Gesichts, inklusive der Augen, unter dem Mützenbündchen verborgen ist. Ich mag es auch besonders gern, wenn der Rand der Mütze rechts und links neben der Nase etwas herabhängt. Für ein breiteres Bündchen, das noch weiter über die Nase hängt, bei den Wichteln, die mit einem Rippenbündchen beginnen, zwei zusätzliche Runden des Rippenmusters stricken. Waldrada auf Seite 78 ist davon ausgenommen.

Bärte annähen

An Mützen mit Rippenbündchen das Bündchen nach oben umschlagen. Den Bart vorne mittig an den Wichtel nähen, dabei durch die erste Runde des Körpers nähen und am Bart etwa eine Masche unterhalb der Oberkante einstechen. Die Nadel abwechselnd unter einer Krausrippe des Barts hindurch und über eine Krausrippe hinweg führen, dabei darauf achten, mit der Nadel auch das darunterliegende Gestrick des Körpers zu fassen (siehe **Abb. F**).

Tipps

- **Gelegenheiten nutzen:** Jedes Mal, wenn Sie ein Körperteil befestigen oder ein Fadenende vernähen, bietet sich die Gelegenheit, etwas auszubessern. Nutzen Sie die Fadenenden, damit Ihr Wichtel aufrechter sitzt, noch etwas zerzauster aussieht oder schließen Sie ein Loch. Sie können alle Arten von Fehlern kaschieren.
- **Die Positionierung zeigt den Charakter:** An welcher Stelle Sie die Einzelteile Ihres Wichtels positionieren, hat Einfluss auf seine Persönlichkeit, lassen Sie sich dafür also Zeit.
- **Schief? Na und!** Es ist in Ordnung, wenn die Gesichtszüge und Gliedmaßen Ihres Wichtels nicht ganz symmetrisch und gleich groß sind. Das macht ihn nur noch individueller.

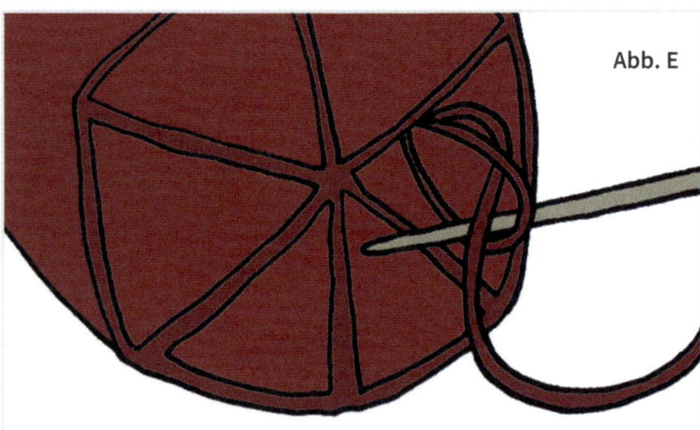
Abb. E

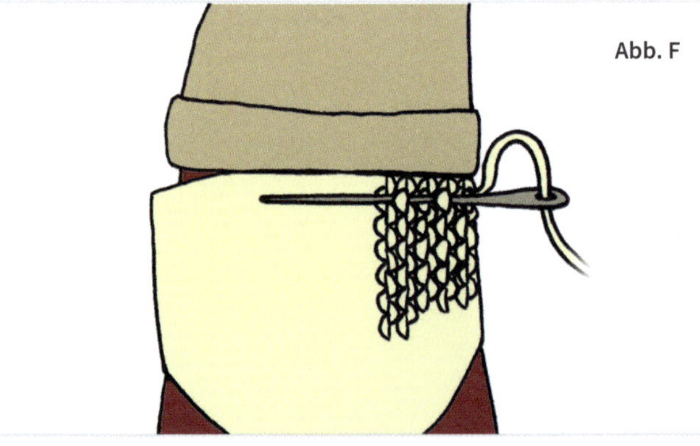
Abb. F

Arme annähen

Die Arme auf Höhe der ersten Runde des Körpers rechts und links neben dem Bart platzieren. Mit Überwendlingsstichen in V-Form befestigen (siehe **Abb. G**). Wenn Ihr Wichtel als Spielzeug dienen soll, sollten Sie die Arme zusätzlich befestigen: Die V-Form durch weitere Stiche ergänzen, dann den Arm anheben und darunter mehrere Stiche nähen, wie in **Abb. H** zu sehen. Warum das? Weil die Wahrscheinlichkeit sehr hoch ist, dass der Wichtel an einem der Arme herumgetragen wird!

Füße

Die Füße so platzieren, dass ihre Mitte jeweils unter einer der senkrechten Außenkanten des Barts zentriert ist. Die Füße mit Überwendlingsstichen an der Unterseite des Wichtels befestigen. Siehe auch Bild auf Seite 21. Hat der Wichtel eine Kante aus linken Maschen, die Füße zwei Runden dahinter befestigen. Hat er keine Kante, experimentieren Sie mit der perfekten Position, bis die Füße gerade so unter dem Körper herauslugen, aber nicht so weit hinten sind, dass der Wichtel nach hinten umkippen würde.

Nasen

Meistens richte ich die Maschen der Nase senkrecht aus, sodass sie in die gleiche Richtung verlaufen wie die Maschen von Mütze und Körper, aber hören Sie auf das, was Ihr Wichtel Ihnen zuflüstert.

Große Nase

Falls nötig, das Bündchen der Mütze nach oben umschlagen und die Nase oben mittig auf dem Bart platzieren. Mit der Nadel horizontal durch die Nase (siehe **Abb. I**) und dann durch den Bart stechen (siehe **Abb. J**). Diesen Vorgang für Spielzeuge mindestens noch dreimal wiederholen. Die Nase dabei mit dem Daumen nach oben und nach unten schieben, um mit der Nadel gut einstechen zu können. Beide Fadenenden mit der Nadel von der rechten auf die linke Seite des Bartes führen. Die Enden fest verknoten und vernähen.

Kleine Nase

Fall nötig, das Bündchen der Mütze nach oben umschlagen und die Nase oben mittig auf dem Bart platzieren. Beide Fadenenden mit der Nadel von der rechten auf die linke Seite des Bartes führen. Die Enden fest verknoten und vernähen.

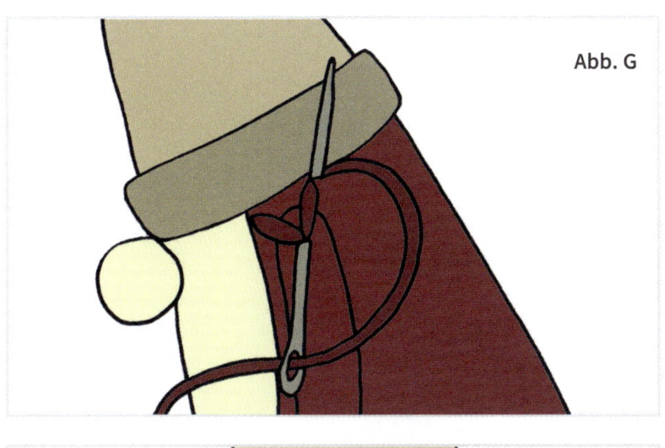
Abb. G

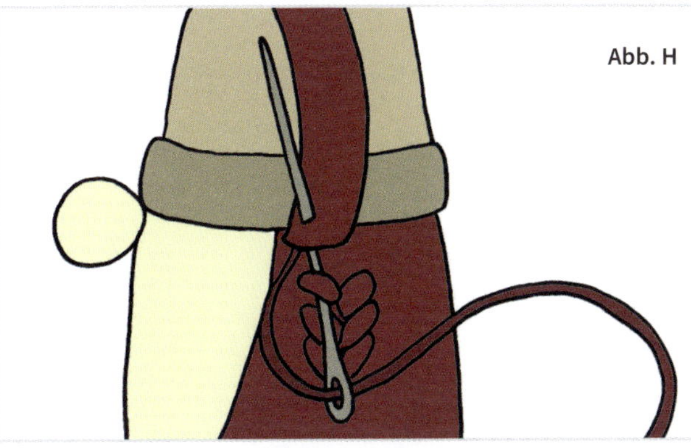
Abb. H

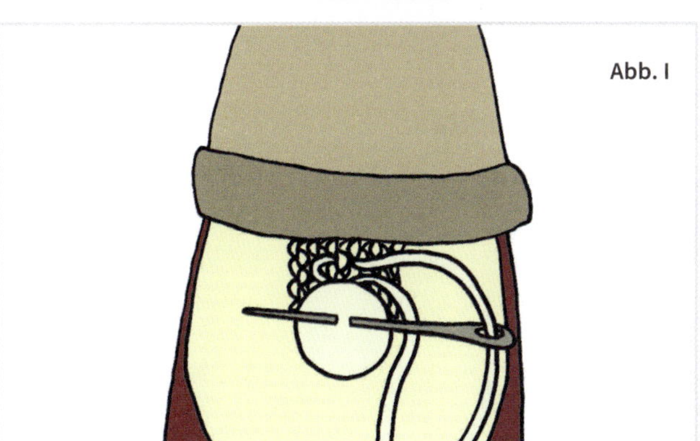
Abb. I

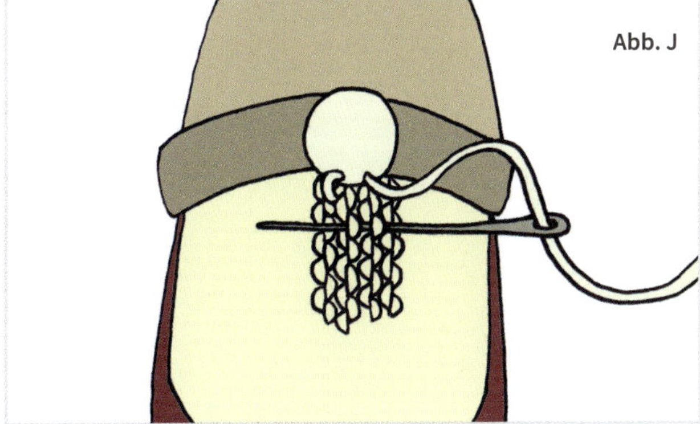
Abb. J

Was der Wichtel sonst noch braucht

Arme

Größen: kurz (mittellang, lang)

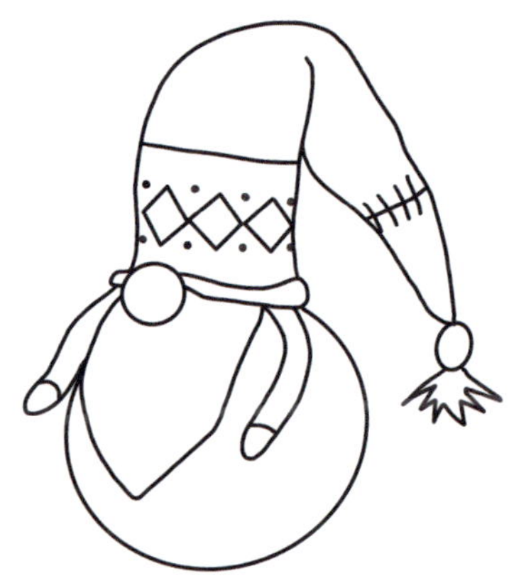

4 (5, 6) M mit der Kreuzanschlagstechnik anschlagen. Dafür die in der Anleitung angegebenen Nadeln und die für die Hände vorgegebene Garnfarbe verwenden. 1 (3, 3) Runde(n) für eine Strickschnur arbeiten (siehe Seite 13). Den Faden abschneiden.

Zur Garnfarbe für die Ärmel wechseln und 13 (20, 25) Runden für eine Strickschnur arbeiten. Den Faden abschneiden, dabei ein 15 cm langes Fadenende übrig lassen.

Das Fadenende auf eine Wollnadel fädeln und diese zum Sichern von rechts nach links durch die M führen. Das restliche Fadenende für später zum Annähen an den Körper überstehen lassen.

Die beiden Fadenenden am Farbwechsel miteinander verknoten, auf eine Wollnadel fädeln und mit der Nadel von unten nach oben durch den Arm führen.

Dann das Garnende vom Maschenanschlag auf die Wollnadel fädeln und ebenfalls von unten nach oben durch den Arm stechen. Die Enden straff ziehen und knapp über dem Gewebe abschneiden.

Um die Arme etwas in Form zu bringen, jeden Arm vorsichtig zwischen den Handflächen rollen, wie ein Kind, das eine Schlange aus Ton formt.

Kurze Arme

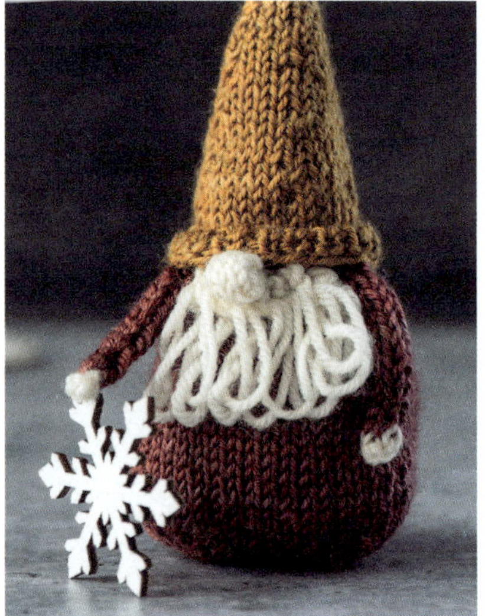

Mittlere Arme

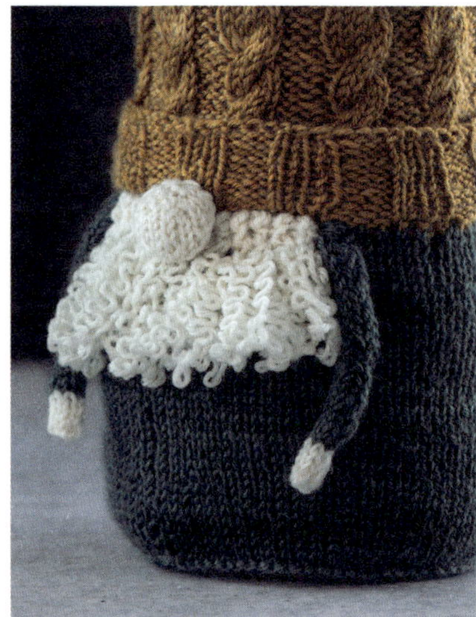

Lange Arme

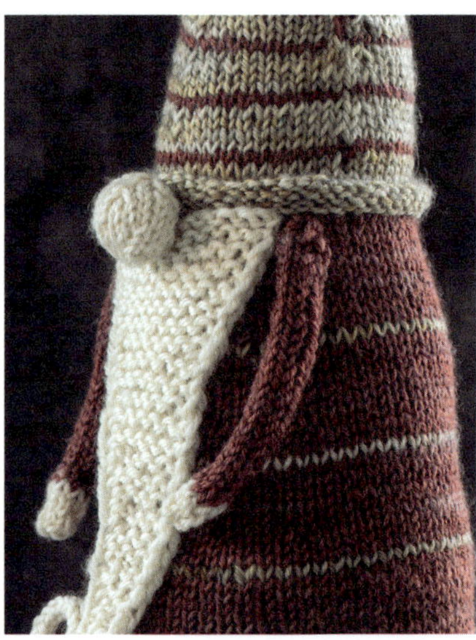

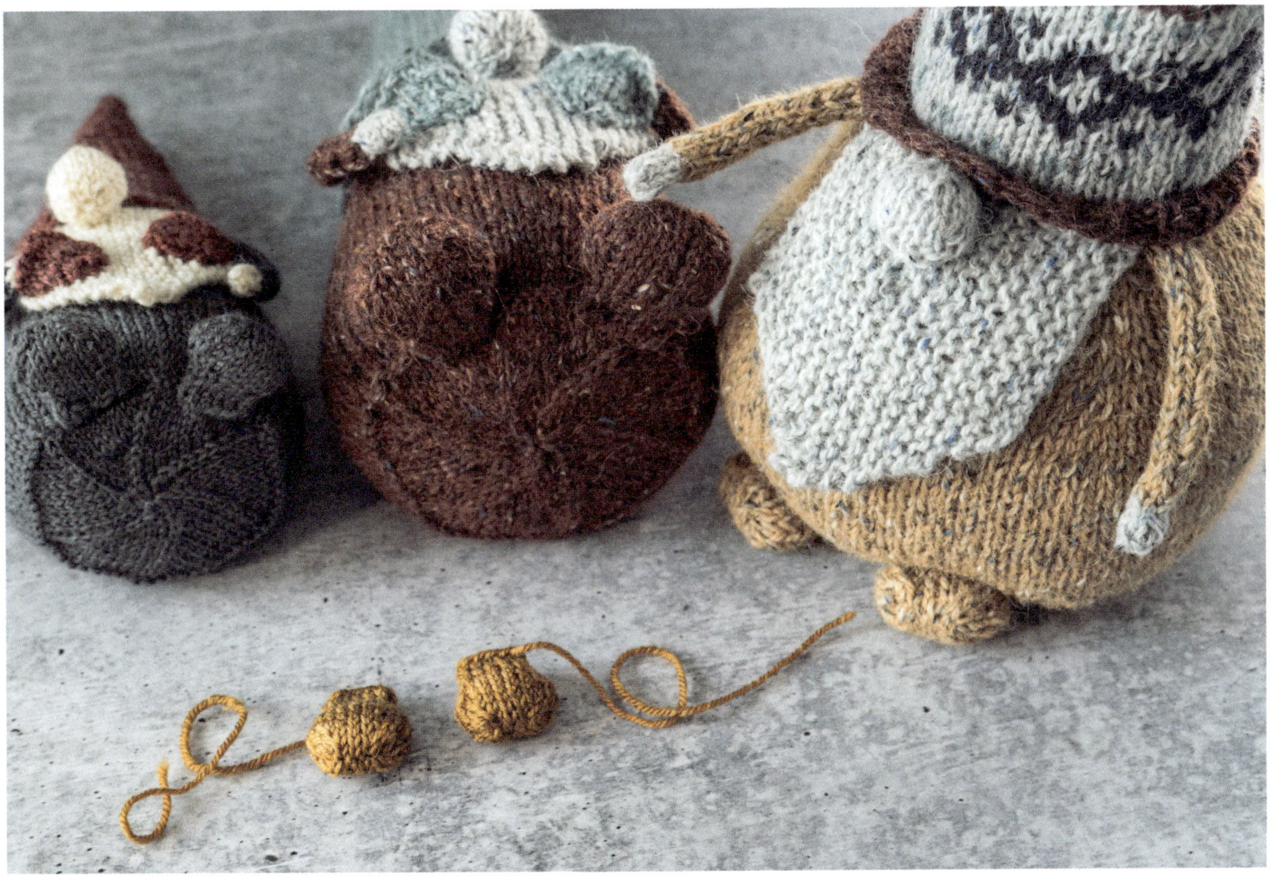

Füße

Mit dem in der Anleitung angegebenen Garn und den kleineren Nadeln 12 M anschlagen, dabei ein 15 cm langes Fadenende zum Befestigen für später überstehen lassen. Die Maschen gleichmäßig auf die Nadeln verteilen und zur Runde schließen. RdAnf mit MM kennzeichnen.

Runde 1–4: alle M re str – 4 Runden.

Runde 5: (1 M re, re gen Zun, 4 M re, li gen Zun, 1 M re) zweimal – 4 Zun (16 M).

Runde 6: alle M re str.

Runde 7: (1 M re, re gen Zun, 6 M re, li gen Zun, 1 M re) zweimal – 4 Zun (20 M).

Runde 8 und 9: alle M re str – 2 Runden.

Runde 10: (1 M re, li gen Abn-abgw, 4 M re, 2 M re zusstr, 1 M re) zweimal – 4 Abn (16 M).

Runde 11: (1 M re, li gen Abn-abgw, 2 M re, 2 M re zusstr, 1 M re) zweimal – 4 Abn (12 M).

Den Fuß auf links drehen, falls nötig die Maschen gleichmäßig auf zwei Nadeln verteilen und mit drei Nadeln abketten, d. h. die zwei Maschenreihen zusammenstricken und gleichzeitig abketten. Den Faden abschneiden. Das Fadenende vom Abketten vernähen und das Ende vom Maschenanschlag für später überstehen lassen. Den Fuß wieder auf rechts drehen. Den runden Teil mit etwas Füllung ausstopfen.

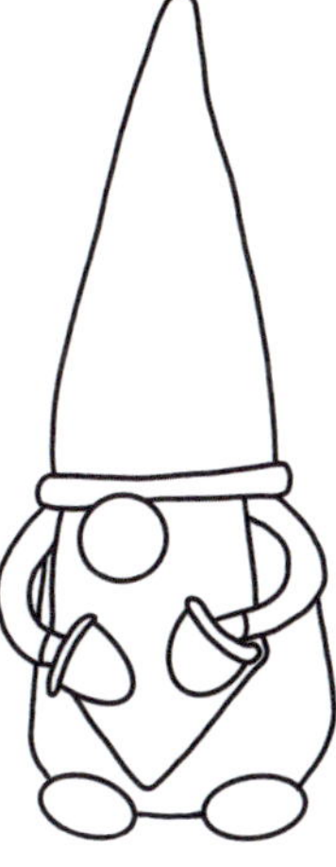

Bärte

Kraus rechts gestrickter Bart

Beide Seiten dieses Barts sehen sehr ähnlich aus, aber an der rechten Seite gefallen mir die Ränder besser. Wählen Sie die Seite, die Ihnen am besten gefällt.

Mit dem vorgegebenen Garn 12 M mit der Kreuzanschlagstechnik auf den in der Anleitung angegebenen Nadeln anschlagen, dabei ein 15 cm langes Fadenende zum Befestigen für später überstehen lassen.

Reihe 1 (li S): alle M re str.

Reihe 2 (re S): alle M re str.

Reihe 3: M re str bis zur letzten M, 1 M re verdopp – 1 Zun (13 M).

Reihe 4: alle M re str.

Reihe 5–16: Reihe 3 und 4 sechsmal wdh – 12 Reihen (19 M).

Reihe 17 und 18: alle M re str – 2 Reihen.

Reihe 19: M re str bis zur vorletzten M, 2 M re zusstr – 1 Abn (18 M).

Reihe 20: alle M re str.

Reihe 21–32: Reihe 19 und 20 sechsmal wdh – 12 Reihen (12 M).

Reihe 33: alle M re str.

Rechts Abketten durch Überziehen.

Den Faden abschneiden. Das Fadenende vom Abketten vernähen.

Wenn nötig, durch Einweichen oder Dämpfen in Form bringen.

Fransiger Bart

Varianten: schmal und glatt (breit und gelockt)

TIPP Es kann hilfreich sein, die re S der Arbeit mit einem offenen MM zu kennzeichnen, nachdem Sie Reihe 1 gearbeitet haben.

Mit doppeltem Faden 4 (8) M mit der Kreuzanschlagstechnik anschlagen, dafür die in der Anleitung angegebenen Nadeln und das vorgegebene Garn verwenden und ein 15 cm langes Fadenende zum Befestigen für später überstehen lassen.

Reihe 1 (re S): 2 M re verschr, M re str bis Reihenende.

Reihe 2 (li S): M re str bis zur vorletzten M, 2 M re verschr.

Reihe 1 und 2 sechsmal (elfmal) wiederholen.

Nicht wenden. Mit der linken Nadel die von der rechten Nadelspitze aus zweite Masche über die erste ziehen.

Den Faden abschneiden. So lange an der Schlaufe der M ganz links ziehen, bis das Fadenende durchgezogen ist. Die Nadel aus den restlichen M ziehen.

Breite und gelockte Variante: einweichen und trocknen lassen.

Beide Varianten: auf der li S der Arbeit mit der Spitze einer Nadel die Maschensäulen aufziehen (siehe **Abb. K** und dann **Abb. L**). Um zu vermeiden, dass sich die Fäden verheddern, immer eine Krausrippe nach der anderen aufziehen.

Breite und gelockte Variante: die doppelten Fadenstränge voneinander trennen – beim der anderen Variante trennen sich die Fadenstränge von allein.

Drei der vier Fadenenden vernähen und nur eines der Enden vom Maschenanschlag zum Befestigen übrig lassen.

HINWEIS: Zur besseren Übersichtlichkeit ist in den Illustrationen nur ein Fadenstrang abgebildet.

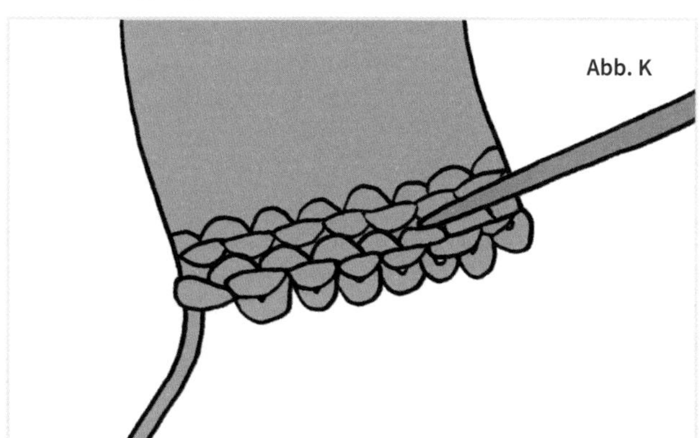

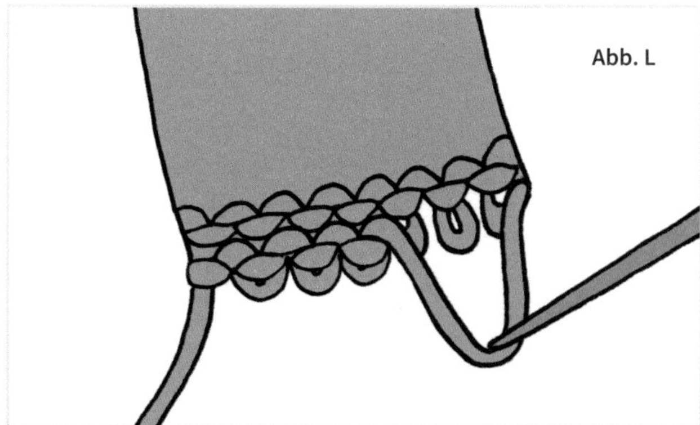

Nasen

Kleine Nase

Mit dem vorgegebenen Garn 5 M mit der Kreuzanschlagstechnik auf den in der Anleitung angegebenen Nadeln anschlagen, dabei ein 15 cm langes Fadenende zum Befestigen für später überstehen lassen.

5 Runden für eine Strickschnur arbeiten.

Den Faden abschneiden, das Fadenende auf eine Wollnadel fädeln und diese zum Sichern von rechts nach links durch die M führen.

Um die Nase in die gewünschte Form zu bringen, die Fadenende von beiden Enden der Strickschnur miteinander verknoten, sodass ein kleiner Kreis entsteht (siehe **Abb. M**). Die Fadenenden zum Annähen überstehen lassen.

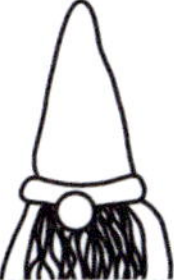

„Haben Wichtelmädchen wirklich Bärte?“

Diese Frage höre ich häufig.
Meine Antwort lautet: „Warum nicht?“

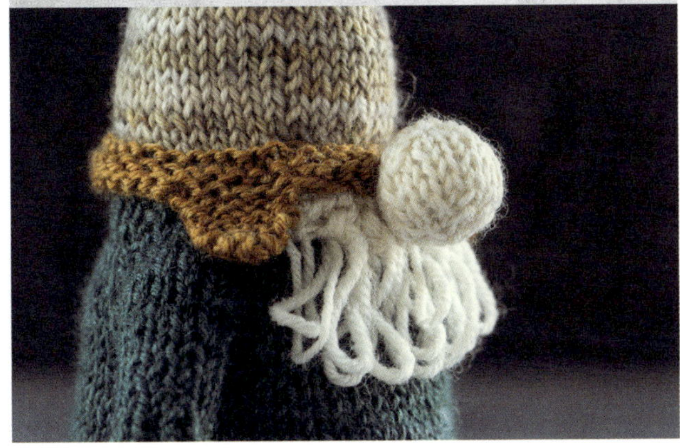

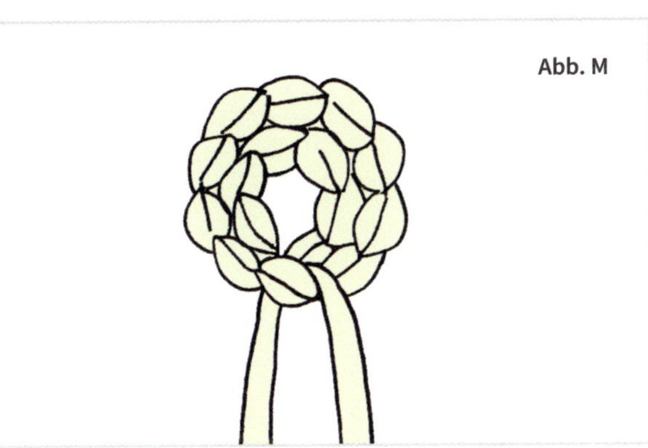

Abb. M

Große Nase

HINWEIS: Ich habe sowohl mit der regulären als auch mit der abgewandelten Variante von 1 M re verdopp gearbeitet. Mit der abgewandelten Variante entsteht eine weniger auffällige Zunahme. Sie können aber auch alle Zunahmen in der regulären Variante ausführen.

Mit dem Garn und den Nadeln, die in der Anleitung angegeben sind, 4 M anschlagen. Die M gleichmäßig auf die Nadeln verteilen und zur Runde schließen. RdAnf mit MM kennzeichnen.

Runde 1: (1 M re verdopp) viermal – 4 Zun (8 M).

Runde 2: (1 M re verdopp-abgw, 1 M re) viermal – 4 Zun (12 M).

Runde 3: alle M re str.

Runde 4: (1 M re verdopp-abgw, 2 M re) viermal – 4 Zun (16 M).

Runde 5–7: alle M re str – 3 Runden.

Runde 8: (2 M re, 2 M re zusstr) viermal – 4 Abn (12 M).

Runde 9: alle M re str.

Runde 10: (1 M re, 2 M re zusstr) viermal – 4 Abn (8 M).

Mit weicher Füllung ausstopfen.

Runde 11: (2 M re zusstr) viermal – 4 Abn (4 M).

Den Faden abschneiden, dabei ein 15 cm langes Fadenende übrig lassen. Das Fadenende auf eine Wollnadel fädeln und diese durch die verbleibenden M führen. Mit der Nadel mittig durch die letzte Maschenrunde ins Innere der Nase stechen, die Nadel bis zur Mitte und dann seitlich an der Kugel wieder hinaus führen. Das Fadenende vom Maschenanschlag auf die Wollnadel fädeln, mit der Nadel mittig durch die Anschlagsrunde in die Nase stechen und sie an der gleichen Stelle nach außen führen wie das andere Fadenende (siehe **Abb. N**).

An den Fadenenden ziehen, sodass eine kompakte Kugel entsteht, und die Enden verknoten. Die Enden zum Befestigen am Wichtel überstehen lassen.

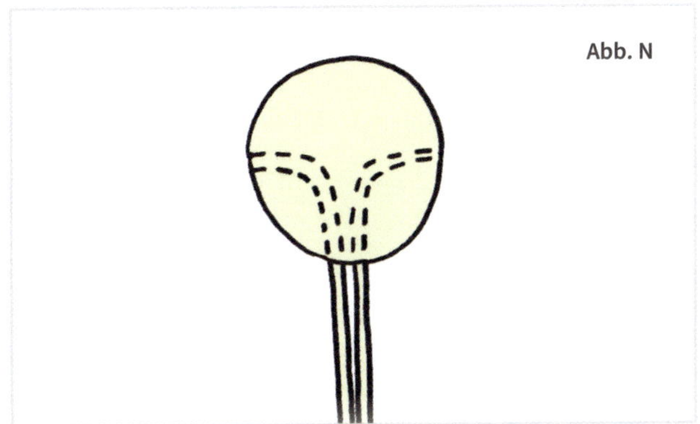

Abb. N

Taschen

Mit dem vorgegebenen Garn 9 M mit der Kreuzanschlagstechnik auf den in der Anleitung angegebenen Nadeln anschlagen, dabei ein 15 cm langes Fadenende zum Befestigen für später überstehen lassen.

Reihe 1 (re S): alle M re str.

Reihe 2, 4, 6 (li S): M li str bis zur vorletzten M, 2 M li zusstr – 1 Abn.

Reihe 3, 5, 7 (re S): M re str bis zur vorletzten M, 2 M re zusstr – 1 Abn.

Nach Reihe 7 beenden (3 M)

Den Faden abschneiden. Das Fadenende auf eine Wollnadel fädeln. Mit zugewandter re S die Nadel von rechts nach links durch die verbleibenden M führen, dann festziehen. Das Fadenende vernähen. Einweichen und zum Trocknen flach auslegen.

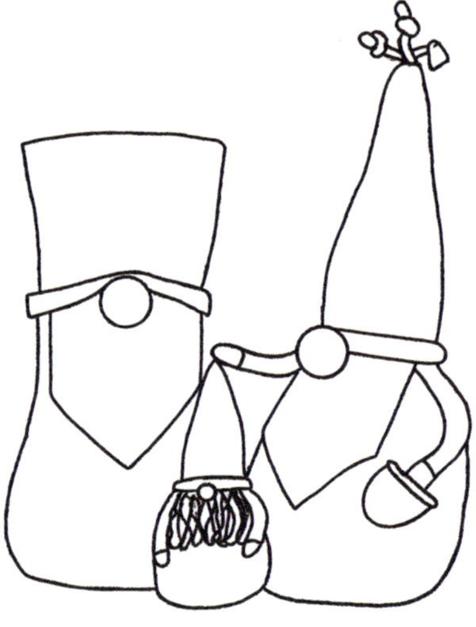

HINWEIS: Die Oberkante beim Festnähen nicht ganz flach anlegen, sondern eine gerundete Öffnung lassen, damit die Hände besser hineinpassen.

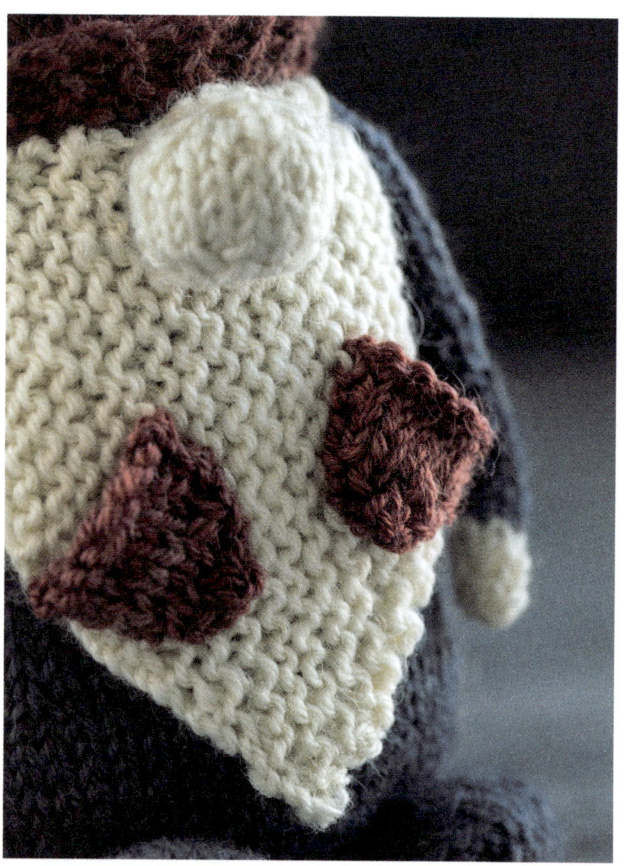

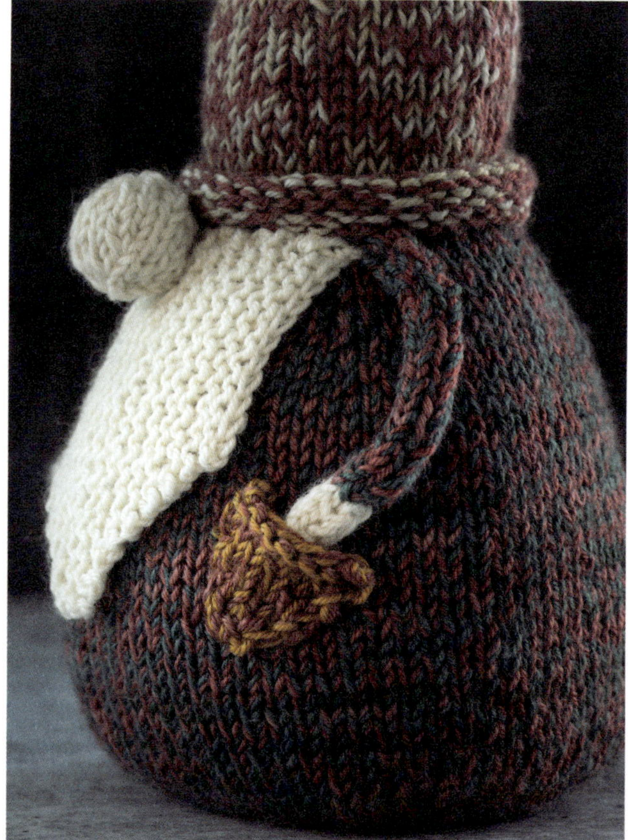

Quasten

Ein Stück Pappe in der gewünschten Länge der Quaste zuschneiden. Das Garn so oft um die Pappe wickeln, wie in der Anleitung angegeben. Das Garn so abschneiden, dass das Fadenende mit der Unterkante des Pappstücks abschließt. Ein 45 cm langes Stück Garn unter den aufgewickelten Garnschlingen an der Oberkante des Pappstücks hindurchführen und es zweimal verknoten. Mit diesem Garnstück wird die Quaste später am Wichtel befestigt.

Die Pappe seitlich herausziehen. Ein 30 cm langes Stück Garn mehrmals um die Fäden der Quaste wickeln, etwa ein Drittel vom oberen Ende entfernt. Dieses Garnstück fest verknoten und die Enden mithilfe einer Nadel in das Innere der Quaste ziehen. Die Quaste unten aufschneiden. Die Fäden auf eine gleichmäßige Länge zurückschneiden.

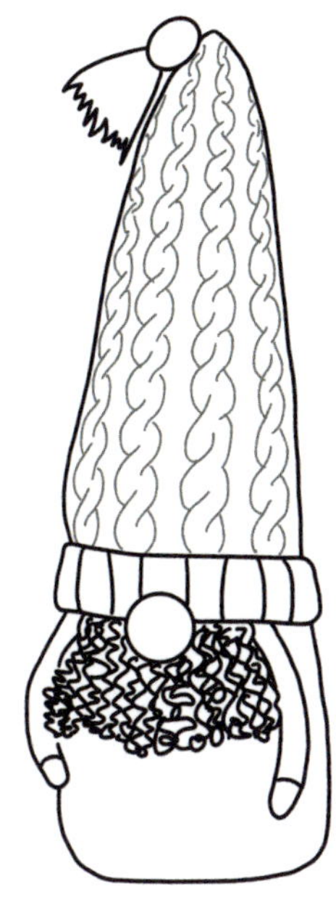

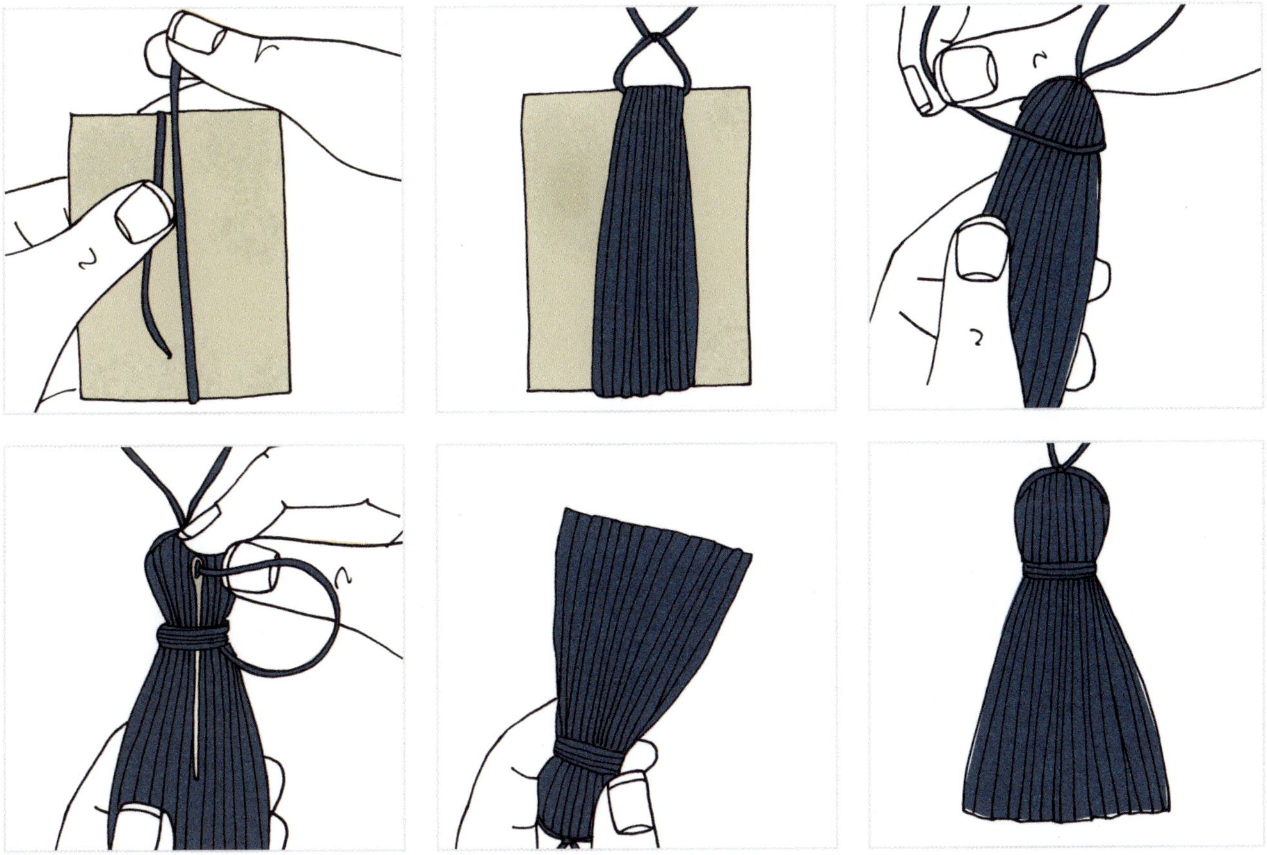

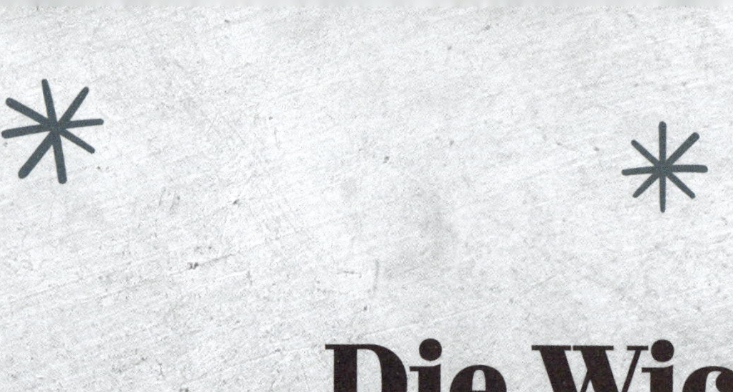

Die Wichtel

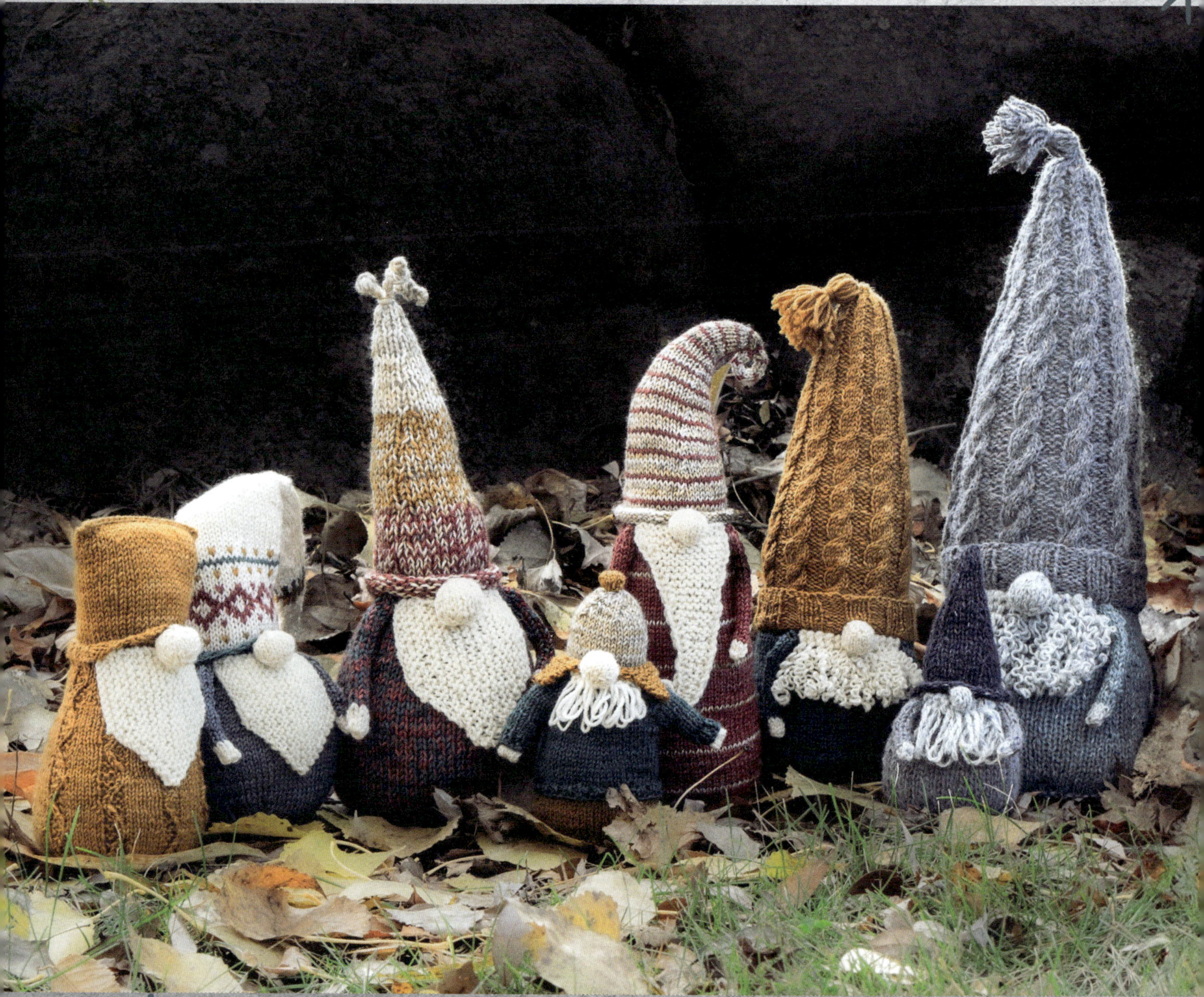

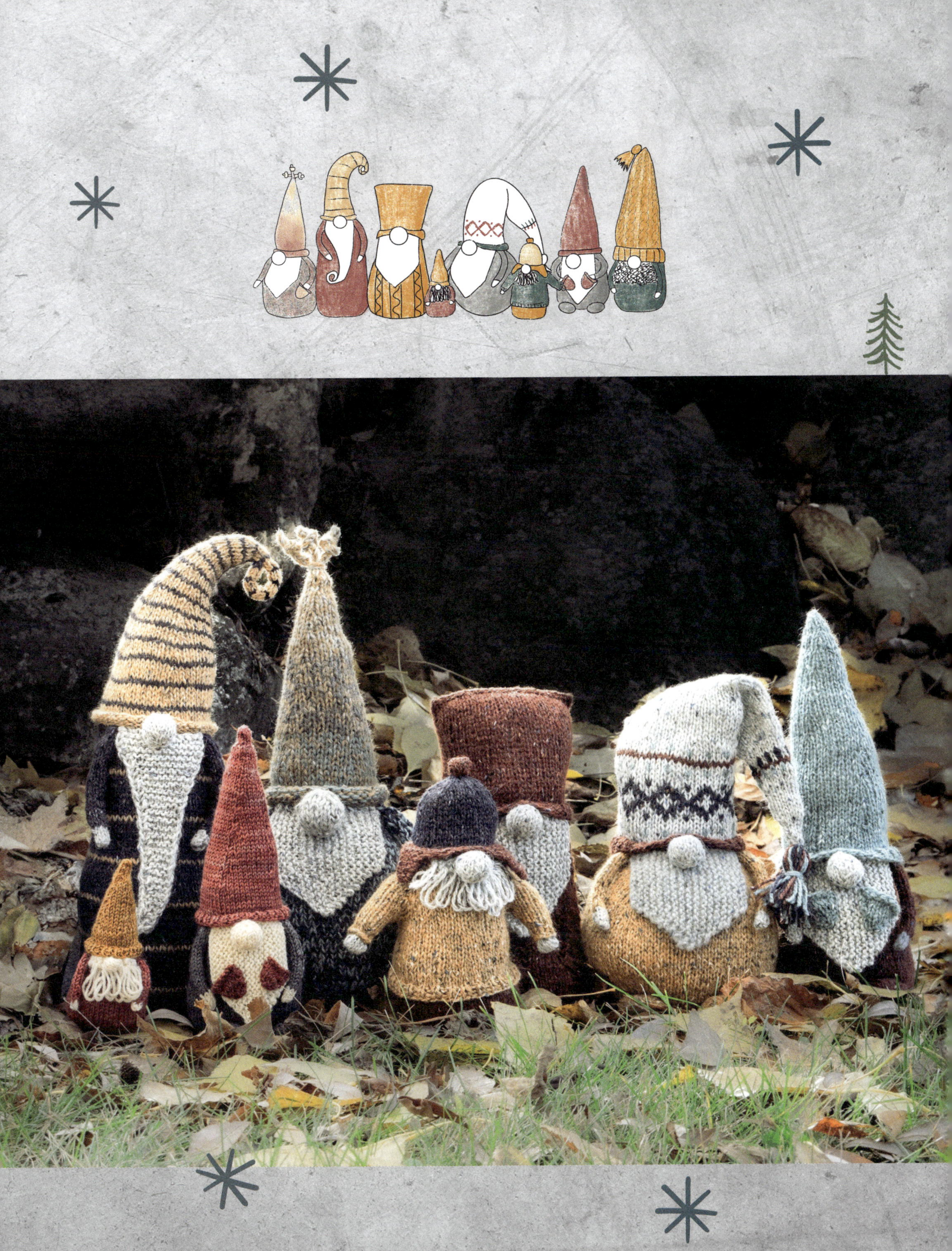

Waldegund
DER KLEINSTE WICHTEL

Nichts war mehr wie zuvor, nachdem Waldegund bei einem Besuch in der heimischen Buchhandlung ein Buch über den Fotografen und Schneeforscher Wilson Bentley ins Auge fiel. Sie war so vertieft, dass sie gar nicht bemerkte, als das Geschäft abends seine Türen schloss. Später bezeichnet sie diese Nacht scherzhaft als ihre „Metamorphose". Sie aß alle Kekse, die sie hinter der Ladentheke fand – wofür sie sich am nächsten Morgen selbstverständlich entschuldigte –, und als die Sonne aufging, war sie sich ihrer Lebensaufgabe sicher. Es ist schwierig, Fotos von Schneeflocken zu machen, aber ihre flüchtige Natur fasziniert Waldegund, und wenn sich die Winterwolken finster am Horizont zusammenziehen, ist sie voller Vorfreude auf die Winter- und Weihnachtszeit.

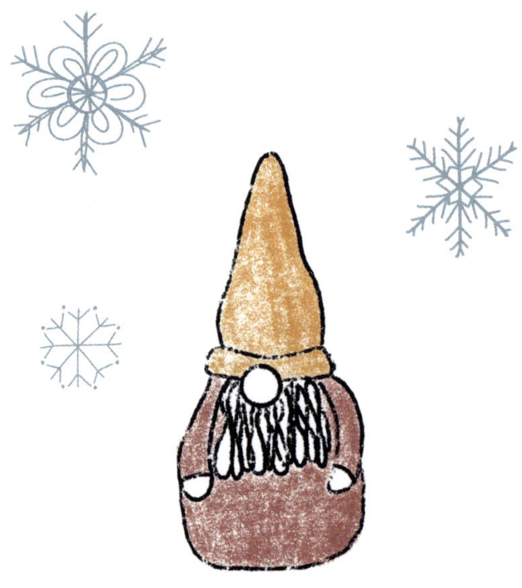

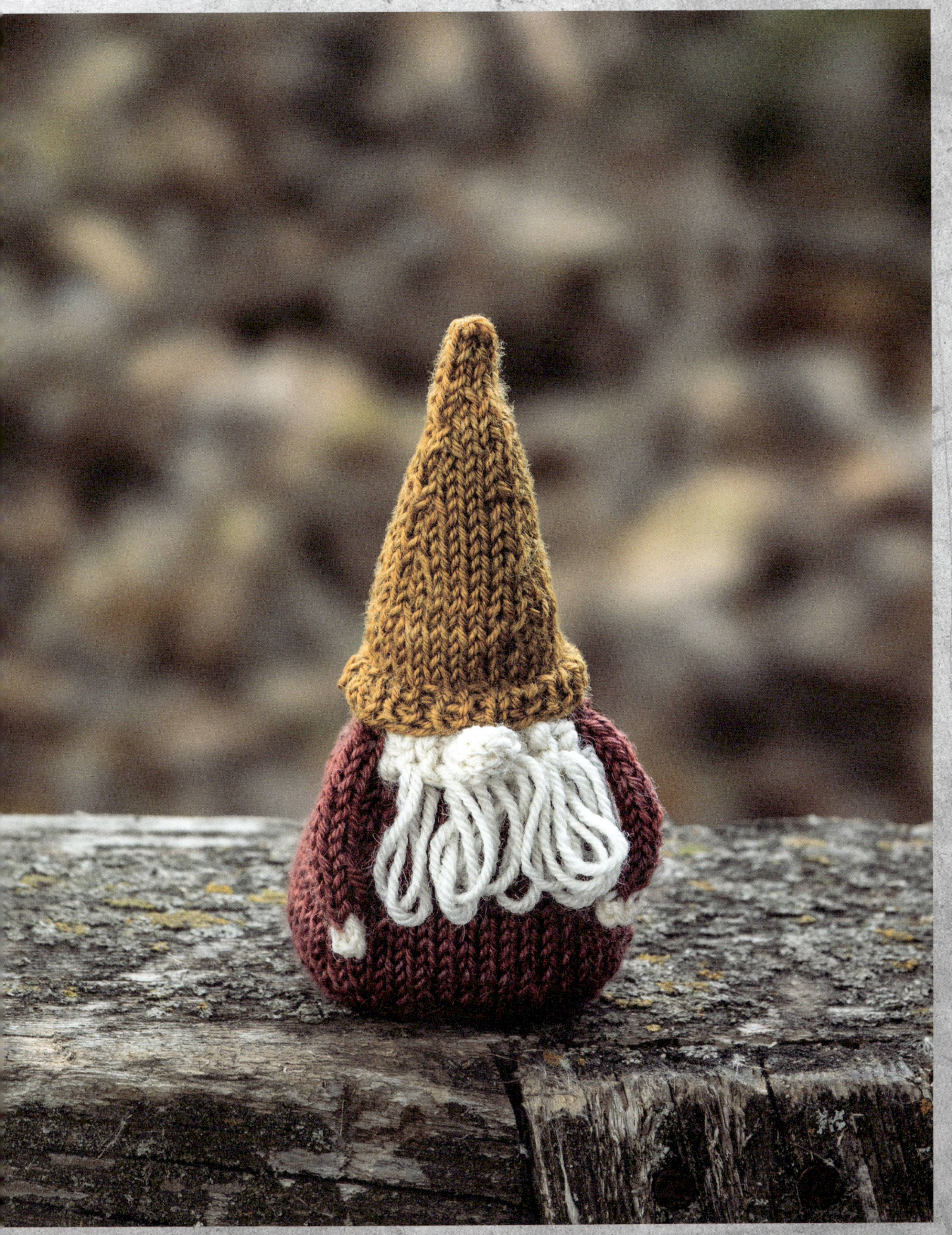

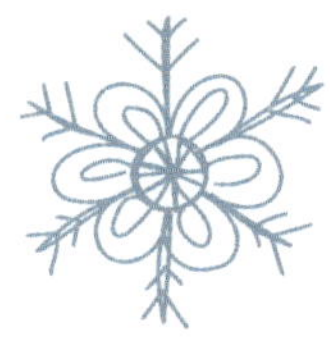

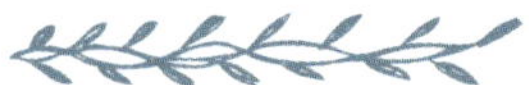

Größe

Klein: 11,5 cm
bei Verwendung des Originalgarns Miss Babs Katahdin 437

Groß: 15 cm
bei Verwendung des Originalgarns Rowan Felted Tweed

Maschenprobe

Miss Babs Katahdin 437:
32 M und 44 Runden glatt rechts in Runden auf den kleineren Nadeln gestrickt = 10 × 10 cm

Rowan Felted Tweed:
24 M und 36 Runden glatt rechts in Runden auf den kleineren Nadeln gestrickt = 10 × 10 cm

Garn und Farbe

Klein, Miss Babs Katahdin 437
GARN A: Gold (Old Gold)
GARN B: Rot (Corset)
GARN C: Creme (Naked)

Groß, Rowan Felted Tweed
GARN A: Tweed in Dunkelblau (170 Seafarer)
GARN B: Tweed in Mittelgrau (191 Granite)
GARN C: Tweed in Hellgrau (197 Alabaster)

Nadeln

Für Miss Babs Katahdin 437 oder ein Ersatzgarn:
2,25 mm und 2,5 mm

Für Rowan Felted Tweed oder ein Ersatzgarn:
3,25 mm und 3,5 mm

Anleitung

DIE MÜTZE

Mit Garn A und den kleineren Nadeln 28 M anschlagen. Die M gleichmäßig auf die Nadeln verteilen und zur Runde schließen. RdAnf mit MM kennzeichnen.

Runde 1–4: (1 M re, 1 M li) fortlaufend wdh – 4 Runden.

Offenen MM auf der li S der ersten M von Runde 4 setzen, um den Anfangspunkt zum Auffassen der Maschen für den Körper zu kennzeichnen.

Runde 5–10: alle M re str – 6 Runden.

Runde 11: (7 M re, MM setzen) dreimal, 7 M re.

HINWEIS: In den folgenden Runden dient der MM am RdAnf als Orientierungspunkt für die Formgebung (Stricken der Zu- und Abnahmen).

Runde 12: (M re str bis zur vorletzten M vor MM, 2 M re zusstr, MM abh) viermal – 4 Abn (24 M).

Runde 13–15: alle M re str – 3 Runden.

Reihe 16–31: Reihe 12–15 viermal wdh – 16 Runden (8 M).

Runde 32: MM während des Strickens entf; (2 M re zusstr) viermal – 4 Abn (4 M).

Den Faden abschneiden. Das Fadenende auf eine Wollnadel fädeln, durch die Maschen führen und zusammenziehen. Die Fadenenden vernähen.

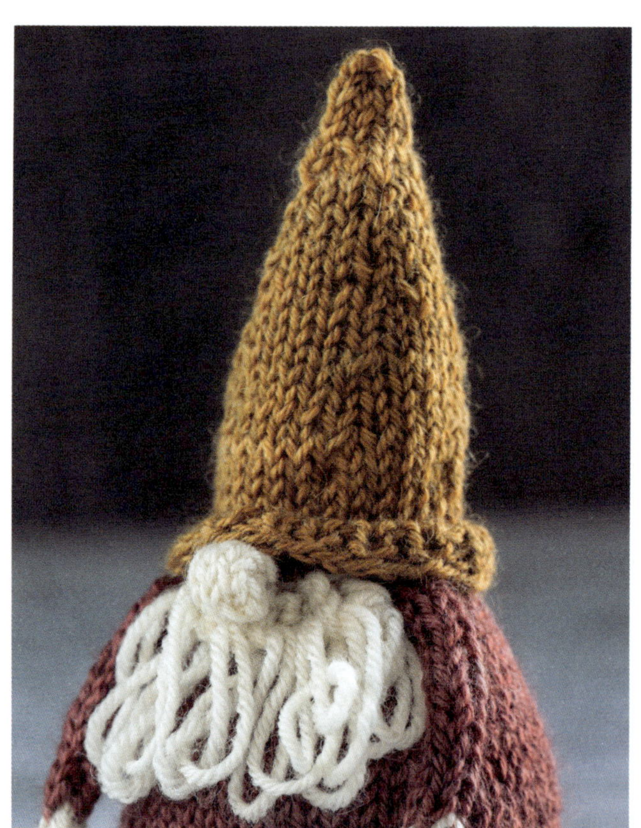

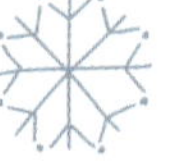

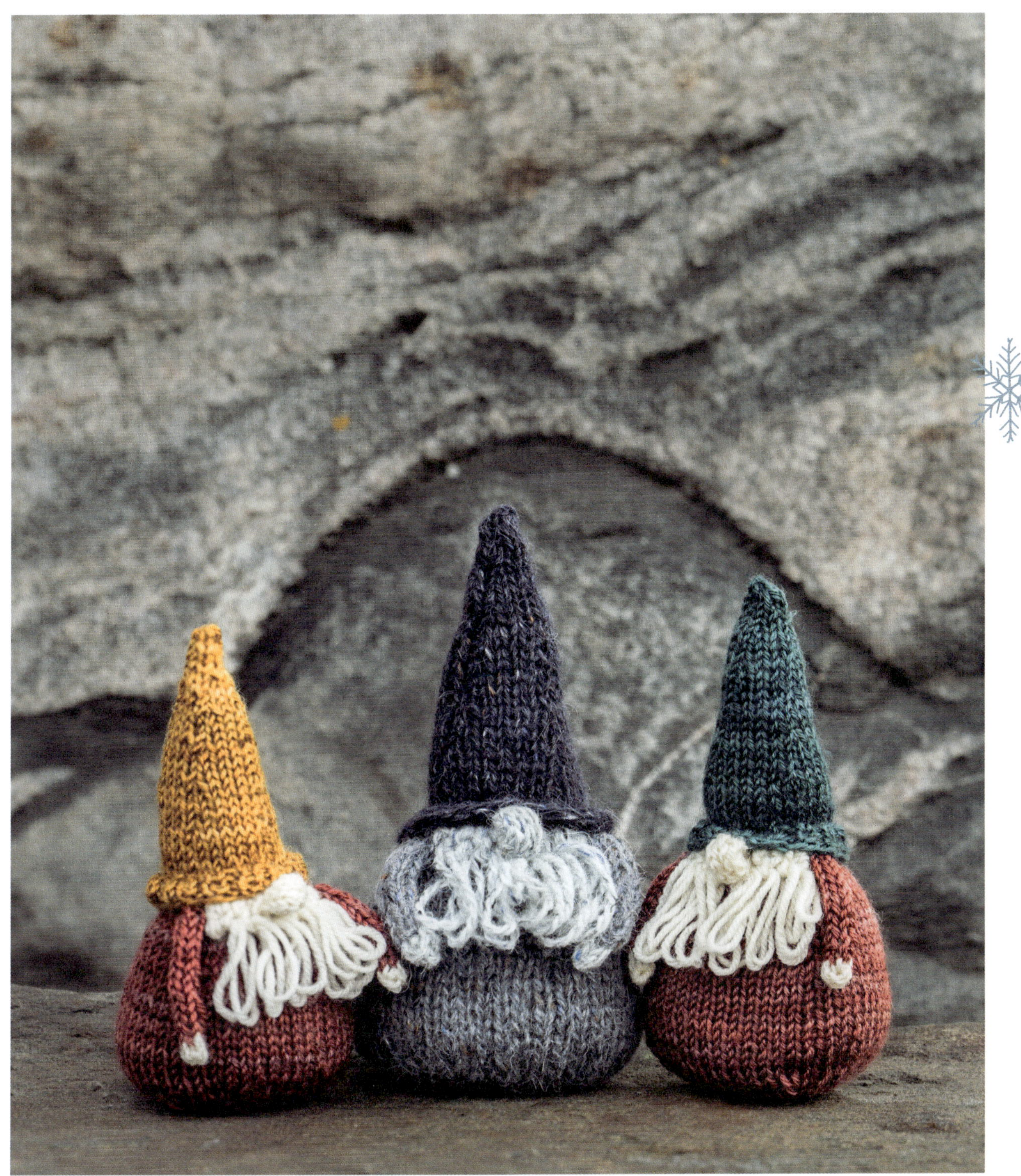

OBEN, VON LINKS NACH RECHTS: kleine Variante aus dem Garn Miss Babs Katahdin 437; große Variante aus dem Garn Rowan Felted Tweed; kleine Variante aus dem Garn Miss Babs Katahdin 437 mit Mütze aus Garn in Türkis.

DER KÖRPER

Das Mützenbündchen und etwa ein Drittel der Mütze umschlagen. Mit den kleineren Nadeln und auf der li S der Mütze je 1 M pro M der ersten Runde oberhalb des Rippenmusters auffassen, mit der M links neben dem offenen MM beginnen (28 M). MM entf.

Zur Runde schließen. Garn B ansetzen und dann RdAnf mit MM kennzeichnen.

Runde 1: alle M re str.

Runde 2: (1 M re verdopp, 13 M re) zweimal – 2 Zun (30 M).

Runde 3 und 4: alle M re str – 2 Runden.

Runde 5: (10 M re, MM setzen) zweimal, 10 M re.

HINWEIS: In den folgenden Runden dient der MM am RdAnf als Orientierungspunkt für die Formgebung (Stricken der Zu- und Abnahmen).

Runde 6: (1 M re, li gen Zun, M re str bis zur letzten M vor MM, re gen Zun, 1 M re, MM abh) dreimal – 6 Zun (36 M).

Runde 7–10: alle M re str – 4 Runden.

Runde 11–20: Runde 6–10 zweimal wdh – 10 Runden (48 M).

Runde 21–28: alle M re str – 8 Runden.

Fadenende vom Körperanfang vernähen.

Runde 29: (1 M re, 2 M re zusstr, M re str bis zur dritten M vor MM, li gen Abn-abgw, 1 M re, MM abh) dreimal – 6 Abn (42 M).

Runde 30: alle M re str.

Runde 31–36: Runde 29 und 30 dreimal wdh, MM in Runde 36 entf – 6 Runden (24 M).

Mütze und zwei Drittel des Körpers mit weicher Füllung ausstopfen.

Runde 37: (1 M re, 2 M re zusstr) achtmal – 8 Abn (16 M).

TIPP: Wenn Sie die Füllung zum Beschweren weglassen, macht sich Waldegund auch ganz wunderbar als Schmuck an Ihrem Weihnachtsbaum.

Den Körper mit Füllung zum Beschweren ausstopfen. Mit einer dünnen Schicht weicher Füllung bedecken, sodass die Kügelchen, Bohnen oder anderen Kleinteile, die Sie zum Beschweren verwenden, beim Stricken der letzten Runde nicht herausfallen.

Runde 38: (2 M re zusstr) achtmal – 8 Abn (8 M).

Den Faden abschneiden. Das Fadenende auf eine Wollnadel fädeln, durch die verbleibenden Maschen führen und zusammenziehen. Die Fadenenden vernähen.

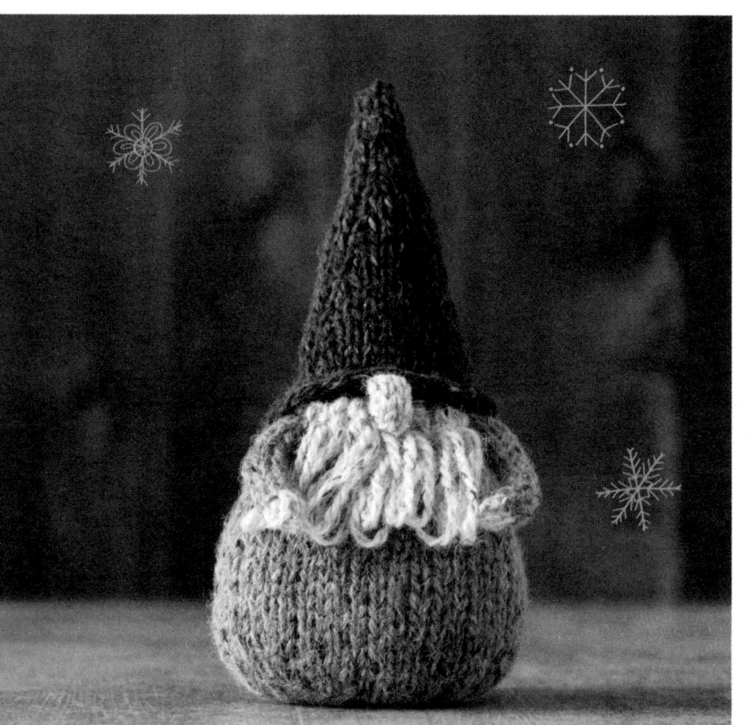

WAS DER WICHTEL SONST NOCH BRAUCHT

- 2 kurze Arme (siehe Seite 20) mit den größeren Nadeln und Garn B und C.
- 1 fransiger Bart, schmale und glatte Variante (siehe Seite 22) mit den größeren Nadeln und Garn C.
- 1 kleine Nase (siehe Seite 23) mit den größeren Nadeln und Garn C.

FERTIGSTELLEN

Das Mützenbündchen nach oben umschlagen. Den Bart auf Höhe der ersten Runde des Körpers annähen. Die Nase mittig auf dem Bart annähen. Die Arme auf Höhe der ersten Runde des Körpers rechts und links neben dem Bart annähen. Das Mützenbündchen wieder nach unten umschlagen.

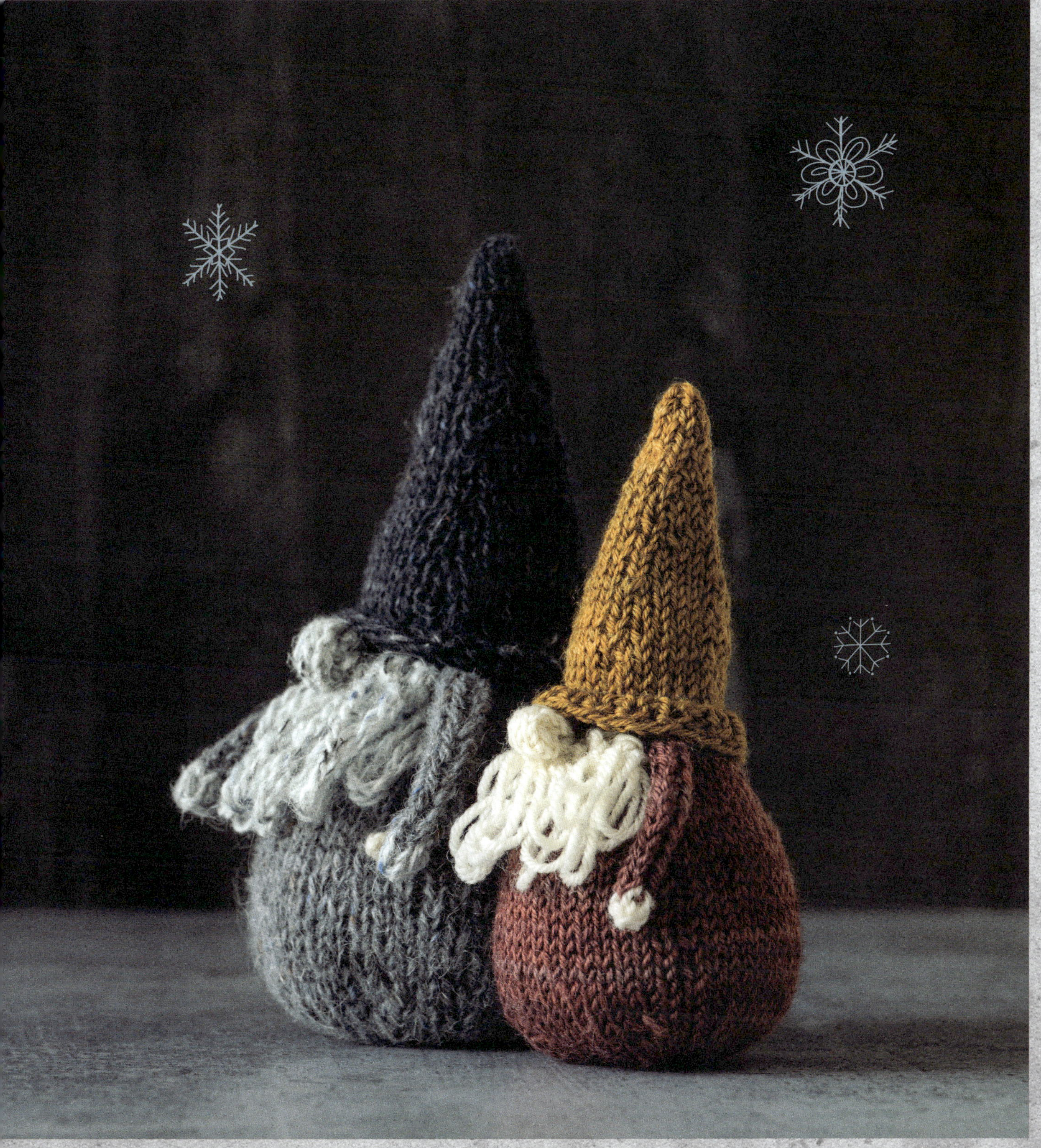

LINKE SEITE: große Variante aus dem Garn Rowan Felted Tweed.

OBEN, VON LINKS NACH RECHTS: große Variante aus Garn dem Garn Rowan Felted Tweed; kleine Variante aus dem Garn Miss Babs Katahdin 437.

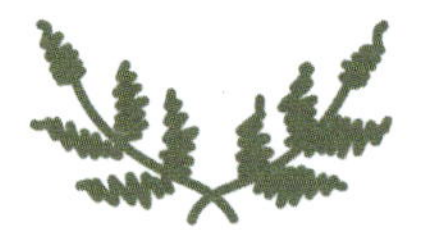

Waldhild

DER OHRENKLAPPEN-WICHTEL

Waldhild hat einen Riecher für Abenteuer. Sie nimmt gerne ein Tässchen Eichel-Pfifferling-Tee im Café und läuft danach einfach los – in eine beliebige Richtung. Sie ist zu allen freundlich, denen sie auf dem Weg begegnet, und schließt schnell neue Freundschaften. Wenn Sie ihr eines Morgens beim Spazierengehen begegnen, sollten Sie unbedingt Halt für einen Plausch machen, denn eine Freundschaft mit Waldhild ist eine Garantie für Abenteuer.

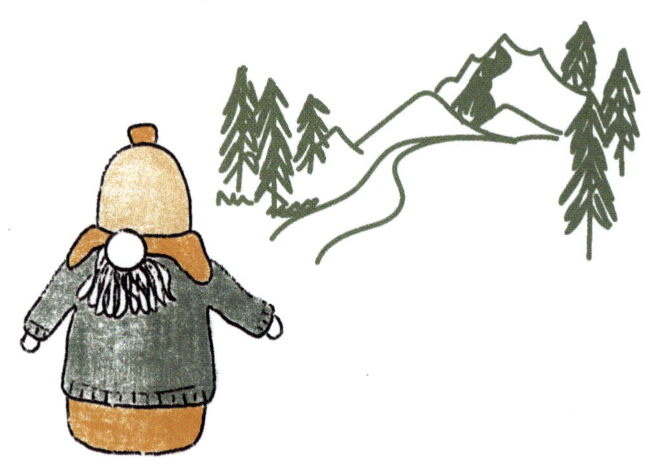

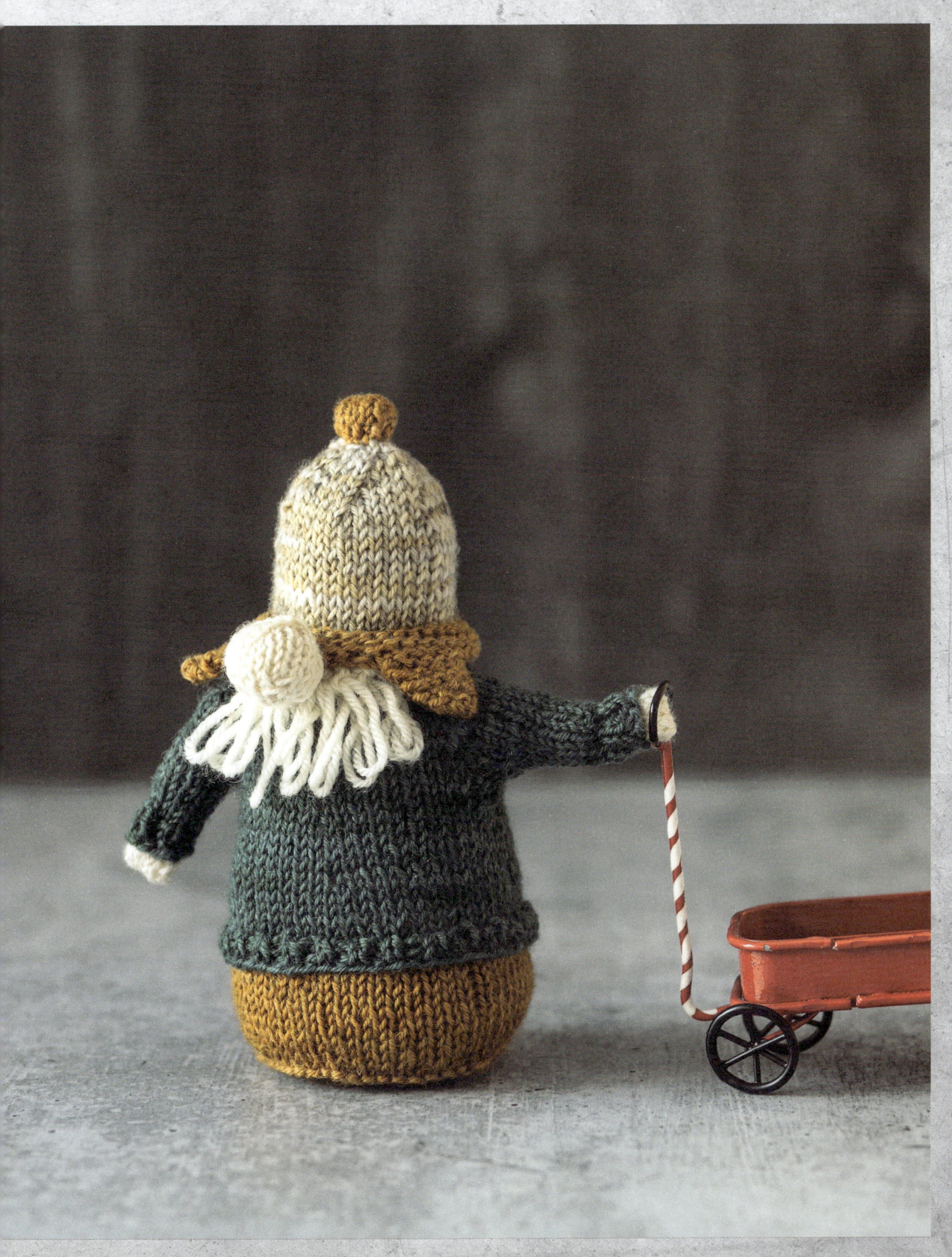

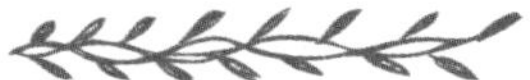

Größe

Klein: 14,0 cm
bei Verwendung des Originalgarns Miss Babs Katahdin 437

Groß: 18,5 cm
bei Verwendung des Originalgarns Rowan Felted Tweed

Maschenprobe

Miss Babs Katahdin 437:
32 M und 44 Runden glatt rechts in Runden auf den kleineren Nadeln gestrickt = 10 × 10 cm

Rowan Felted Tweed:
24 M und 36 Runden glatt rechts in Runden auf den kleineren Nadeln gestrickt = 10 × 10 cm

Garn und Farbe

Klein, Miss Babs Katahdin 437
GARN A: Gold (Old Gold)
GARN B: helles, meliertes Gold (Gold Rush)
GARN C: Creme (Naked)
GARN D: Türkis (Blackwatch)

Groß, Rowan Felted Tweed
GARN A: Tweed in Rot (196 Barn Red)
GARN B: Tweed in Dunkelblau (170 Seafarer)
GARN C: Tweed in Hellgrau (197 Alabaster)
GARN D: Tweed in Senfgelb (193 Cumin)

Nadeln

Für Miss Babs Katahdin 437 oder ein Ersatzgarn:
2,25 mm und 2,5 mm

Für Rowan Felted Tweed oder ein Ersatzgarn:
3,25 mm und 3,5 mm

Anleitung

HINWEIS: Zunächst werden die beiden Ohrenklappen in Reihen gearbeitet. Wenn diese fertig sind, zusätzliche M aufstricken und dann zur Runde schließen.

DIE MÜTZE

Mit Garn A und den kleineren Nadeln 3 M anschlagen.

Reihe 1 und 2: alle M re str – 2 Reihen.

Reihe 3 und 4: 1 M re verdopp, M re str bis Reihenende – 2 Reihen (5 M).

Reihe 5–10: alle M re str – 6 Reihen.

Garn abschneiden und die erste Ohrenklappe entweder auf einer zusätzlichen Nadel oder einem Garnrest zur Seite legen.

Eine zweite Ohrenklappe stricken, das Garn jedoch nicht abschneiden.

Die Nadel mit der zweiten Ohrenklappe in die linke Hand nehmen und 18 zusätzliche M aufstricken. Diese Nadel wenden und in die rechte Hand nehmen.

Die M der ersten Ohrenklappe vom Garnrest wieder auf eine Nadel heben. Die Nadel so in die linke Hand nehmen, dass die M mit dem Fadenende neben der rechten Nadelspitze liegt. Mit der rechten Nadel und dem Arbeitsfaden alle M der ersten Ohrenklappe rechts abstricken.

Die Arbeit erneut wenden und 8 zusätzliche M aufstricken.

Es befinden sich jetzt 36 M auf der Nadel: 5 M Ohrenklappe, 18 M Rückseite, 5 M Ohrenklappe und 8 M Vorderseite. Die M gleichmäßig auf Nadeln verteilen und zur Runde schließen. RdAnf mit MM kennzeichnen.

Runde 1: alle M li str.

Runde 2: alle M re str.

Runde 3 und 4: Runde 1 und 2 wdh – 2 Runden.

Runde 5: alle M li str.

Den Faden abschneiden. Offenen MM auf der li S der vierzehnten M von Runde 5 setzen, um die Mitte der Mützenrückseite zum Auffassen der Maschen für den Körper zu kennzeichnen.

Garn B aufnehmen.

Runde 6–16: alle M re str – 11 Runden.

Runde 17: (6 M re, MM setzen) sechsmal.

HINWEIS: In den folgenden Runden dient der MM am RdAnf als Orientierungspunkt für die Formgebung (Stricken der Zu- und Abnahmen).

Abnahmerunde: (M re str bis zur vorletzten M vor MM, 2 M re zusstr, MM abh) sechsmal – 6 Abn (30 M).

Runde 19: alle M re str.

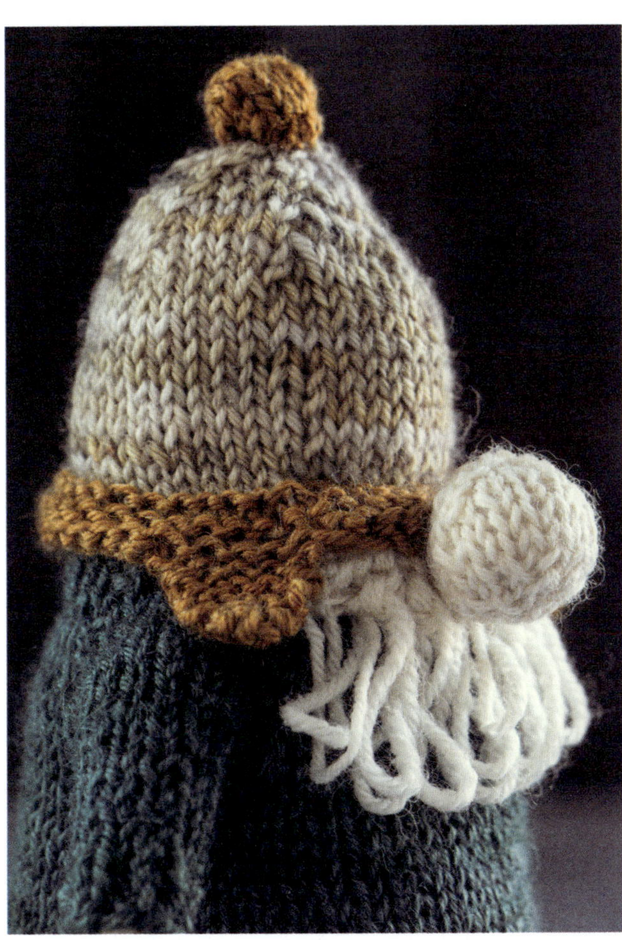

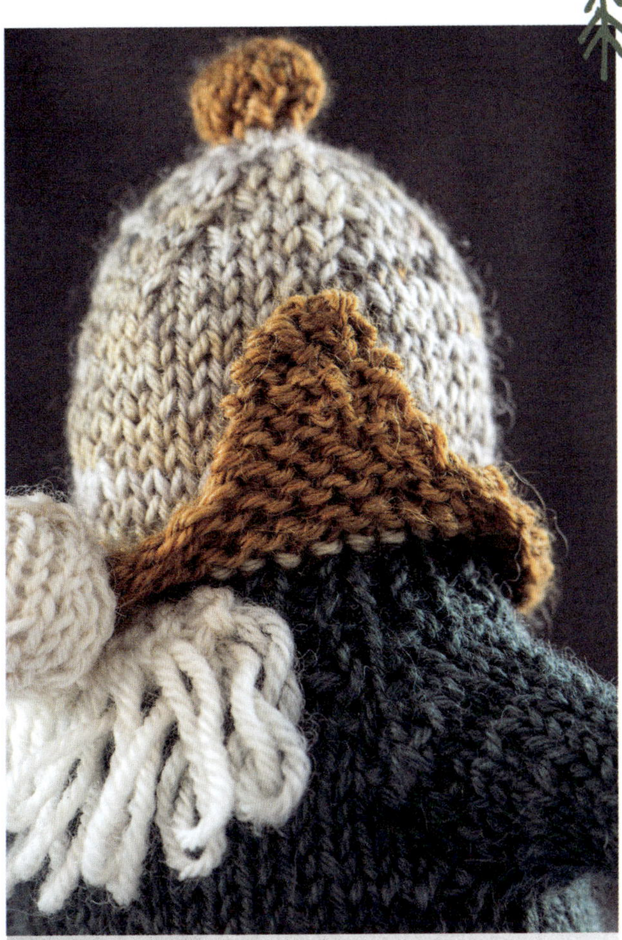

Abnahmerunde und Runde 19 abwechselnd wdh, bis jeder Abschnitt aus 3 M besteht (18 M insgesamt), dann Abnahmerunde so lange wdh, bis insgesamt noch 6 M übrig sind.

Den Faden abschneiden. Das Fadenende auf eine Wollnadel fädeln, durch die verbleibenden Maschen führen und zusammenziehen.

HINWEIS: Das Auffassen der M für den Körper ist einfacher, wenn Sie mit dem Vernähen der Fadenenden bis ganz zum Schluss warten.

Anmerkungen zum Muster

Waldhilds Pullover (siehe Seite 38) wird direkt an die Mütze gestrickt!

Nach dem Auffassen der M an der Innenseite der Mütze wird ein kleiner Raglanpullover gearbeitet und für den unteren Teil des Körpers werden dann am Pulloversaum erneut M aufgefasst.

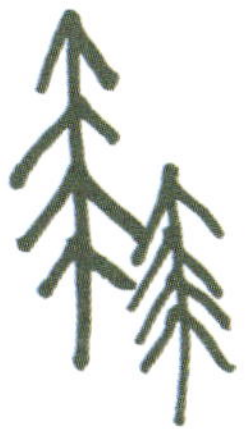

DIE HÄNDE UND DIE BOMMEL

HINWEIS: Die Hände und die Bommel werden identisch gestrickt – einmal mit Garn A (Bommel) und zweimal mit Garn C (Hände).

Mit den größeren Nadeln 6 M anschlagen.

8 Runden für eine Strickschnur arbeiten.

Den Faden abschneiden. Das Fadenende auf eine Wollnadel fädeln und diese von rechts nach links durch die M führen. Um die gewünschte Form zu erhalten, die Fadenende von beiden Enden der Strickschnur miteinander verknoten, sodass ein kleiner Kreis entsteht (siehe **Abb. M** auf Seite 23). Ein Fadenende auf eine Wollnadel fädeln und die Enden der Strickschnur mit Überwendlingsstichen zusammennähen. Die Fadenenden zum Befestigen für später überstehen lassen.

Die Bommel aus Garn A oben an der Mütze befestigen. Die beiden Hände aus Garn C erst mal zur Seite legen.

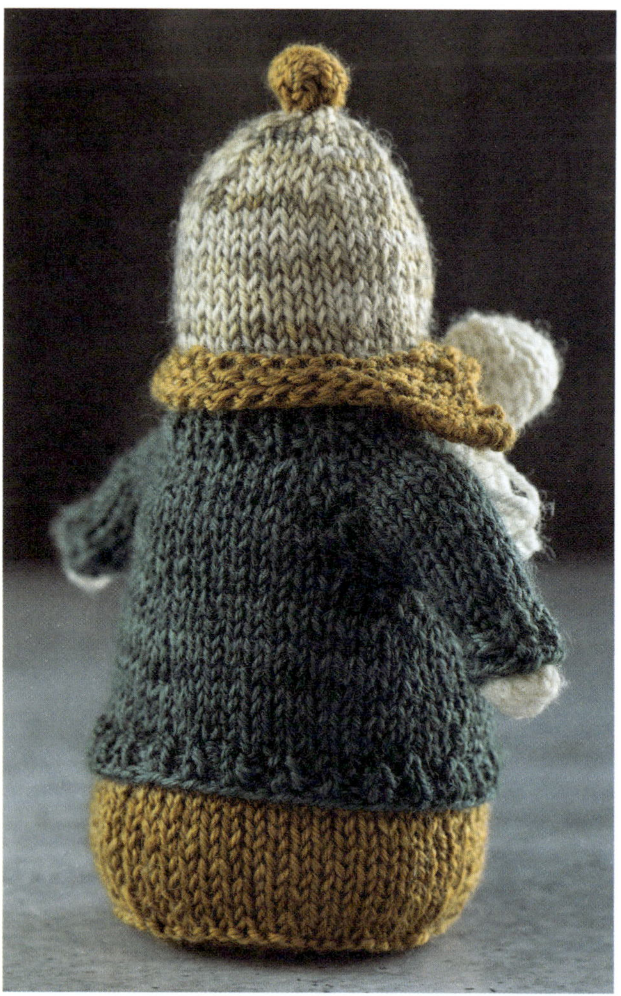

DER KÖRPER BEZIEHUNGSWEISE DER PULLOVER

Das Mützenbündchen und etwa ein Drittel der Mütze umschlagen. Mit den kleineren Nadeln und auf der li S der Mütze je 1 M pro M von Runde 5 der Mütze auffassen, dafür mit der M links neben dem offenen MM beginnen (36 M).

Die M gleichmäßig auf Nadeln verteilen und zur Runde schließen. Garn D ansetzen. RdAnf mit MM kennzeichnen.

Runde 1: alle M re str.

Runde 2–6: (1 M re, 1 M li) fortlaufend wdh – 5 Runden.

Runde 7: (6 M re, MM setzen) zweimal, 12 M re, (MM setzen, 6 M re) zweimal.

Runde 8: (M re str bis zur letzten M vor MM, 1 M re verdopp, MM abh, 1 M re verdopp) viermal, M re str bis RdEnde – 8 Zun (44 M).

Runde 9: alle M re str.

Runde 10–13: Runde 8 und 9 zweimal wdh – 4 Runden (60 M).

Runde 14: M re str bis MM, MM entf, die nächsten 12 M auf einen Garnrest fädeln, MM entf, Arbeit wenden und 4 M über dem Armloch aufstricken, Arbeit wenden und M re str bis zum nächsten MM, MM entf, die nächsten 12 M auf einen Garnrest fädeln, MM entf, Arbeit wenden und 4 M über der Lücke aufstricken, Arbeit wenden und M re str bis Ende (44 M).

Runde 15 und 16: alle M re str – 2 Runden.

Runde 17: (11 M re, li gen Zun) viermal – 4 Zun (48 M).

Runde 18–22: alle M re str – 5 Runden.

Runde 23: (12 M re, li gen Zun) viermal – 4 Zun (52 M).

Runde 24–28: alle M re str – 5 Runden.

Offenen MM auf der li S in erste M von Runde 28 setzen, um den Anfangspunkt zum Auffassen der Maschen für den Körper zu kennzeichnen.

Runde 29 und 30: (1 M re, 1 M li) fortlaufend wdh – 2 Runden.

Abketten im Rippenmuster und die Fadenenden vernähen.

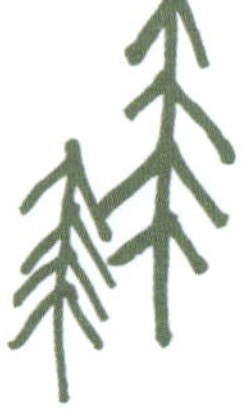

Die Ärmel:

Die M für einen der Ärmel auf Nadeln ziehen und zum Arbeiten in Runden gleichmäßig auf die Nadeln verteilen.

Runde 1: mit Garn D 12 M re, in Lücke 2 M auffassen und re str, MM für RdAnf setzen, 2 M auffassen und re str (16 M).

Runde 2: alle M re str.

Runde 3: 2 M re zusstr, M re str bis zur vorletzten M, li gen Abn-abgw – 2 Abn (14 M).

Runde 4–7: Runde 2 und 3 zweimal wdh – 4 Runden (10 M).

Runde 8–11: alle M re str – 4 Runden.

Runde 12 und 13: (1 M re, 1 M li) fortlaufend wdh – 2 Runden.

Abketten im Rippenmuster. Den Faden abschneiden, dabei ein 15 cm langes Fadenende übrig lassen. Die Fadenenden im Achselbereich vernähen, dabei jegliche Löcher schließen. Zum späteren Befestigen der Hände das Ärmelbündchen offen und das Fadenende lose lassen.

Vorgang für den zweiten Ärmel wiederholen.

Die Hände befestigen:

Beide Fadenenden einer Hand auf eine Wollnadel fädeln. Die Nadel in einen der Ärmel stecken und die Wichtelhand vorne in die Ärmelöffnung stecken. Mit einer Hand die Fadenenden und den Ärmel fassen, so bleibt die Wichtelhand beim Festnähen in Position. Die Wichtelhand mit dem Fadenende vom Ärmelbündchen aus Garn D befestigen, dafür mit der Nadel von einer Seite zur anderen durch Bündchen und Wichtelhand stechen. Rund um den Ärmel arbeiten und mindestens viermal sternförmig durch die Wichtelhand stechen. Das Fadenende vom Ärmelbündchen vernähen. Die Fadenenden der Wichtelhand bleiben lose im Inneren des Ärmels beziehungsweise des Körpers.

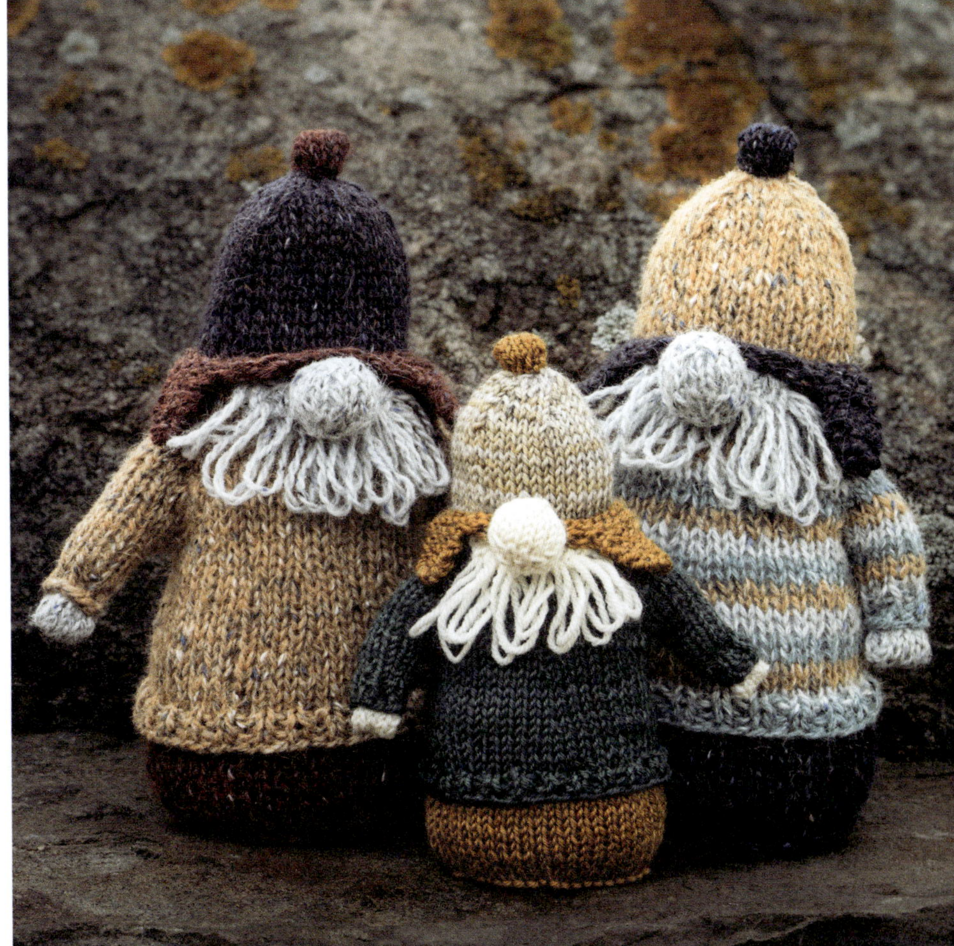

Links die große Variante aus dem Garn Rowan Felted Tweed, in der Mitte die kleine Variante aus dem Garn Miss Babs Katahdin 437. Die große Variante rechts besitzt einen dreifarbigen Pullover mit Streifen à zwei Runden. Vor dem Rippenmuster wurden zwei zusätzliche Runden gearbeitet, um das Streifenmuster zu vervollständigen. Die Arme wurden dann nach dem Ausstopfen an den Körper genäht.

DER UNTERE TEIL DES KÖRPERS

Den Saum und etwa ein Drittel des Pullovers umschlagen. Mit den kleineren Nadeln auf der li S des Pullovers je 1 M pro M der ersten Runde oberhalb des Rippenmusters auffassen, mit der M links neben dem offenen MM beginnen (52 M). MM entf. Zum Weiterstricken bleibt der Saum umgeschlagen und die Mütze zeigt nach unten.

Die M gleichmäßig auf Nadeln verteilen und zur Runde schließen. Garn A ansetzen. RdAnf mit MM kennzeichnen.

Runde 1–12: alle M re str (52 M) – 12 Runden.

Runde 13: alle M li str.

Runde 14: alle M re str.

Runde 15: (11 M re, 2 M re zusstr) viermal – 4 Abn (48 M).

Das Fadenende vom Auffassen der M für den unteren Teil des Körpers vernähen.

Die Arme ausstopfen.

TIPP Das Ende eines Bleistifts mit Radiergummi erleichtert das Ausstopfen der Arme.

Runde 16: (6 M re, 2 M re zusstr) sechsmal – 6 Abn (42 M).

Abnahmerunde: (M re str bis zur vorletzten M vor MM, 2 M re zusstr) fortlaufend wdh – 6 Abn (36 M)

Abnahmerunde einmal wdh, sodass jeder Abschnitt noch aus 5 M besteht (30 M insgesamt).

Mütze und Körper bis zum Pulloversaum mit weicher Füllung ausstopfen.

Abnahmerunde zweimal wdh, sodass jeder Abschnitt noch aus 3 M besteht (18 M insgesamt).

Den Körper bis zur Krausrippe mit Füllung zum Beschweren ausstopfen. Mit einer dünnen Schicht weicher Füllung bedecken, sodass die Kügelchen, Bohnen oder anderen Kleinteile, die Sie dafür verwenden, beim Stricken der letzten Runden nicht herausfallen.

Abnahmerunde zweimal wdh, sodass nur noch 6 M übrig sind, dabei MM entf.

Den Faden abschneiden. Das Fadenende auf eine Wollnadel fädeln, durch die verbleibenden Maschen führen und zusammenziehen. Das Fadenende vernähen.

WAS DER WICHTEL SONST NOCH BRAUCHT

- 1 fransiger Bart, schmale und glatte Variante (siehe Seite 22) mit den größeren Nadeln und Garn C.
- 1 große Nase (siehe Seite 23) mit den größeren Nadeln und Garn C.

FERTIGSTELLEN

Das Mützenbündchen nach oben umschlagen. Den Bart auf Höhe der ersten Runde des Pullovers annähen. Die Nase mittig auf dem Bart annähen. Das Mützenbündchen wieder nach unten umschlagen. Lehnen Sie sich zurück und lassen Sie sich von Ihrer neuen Freundin bezaubern!

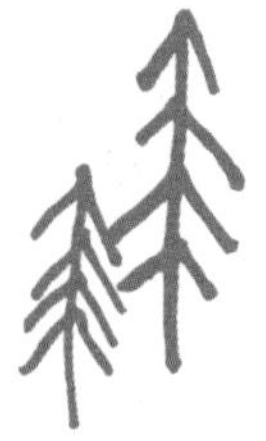

**RECHTE SEITE, VON LINKS NACH RECHTS:
die kleine Variante aus dem Garn Miss Babs Katahdin 437 und daneben die große Variante aus dem Garn Rowan Felted Tweed.**

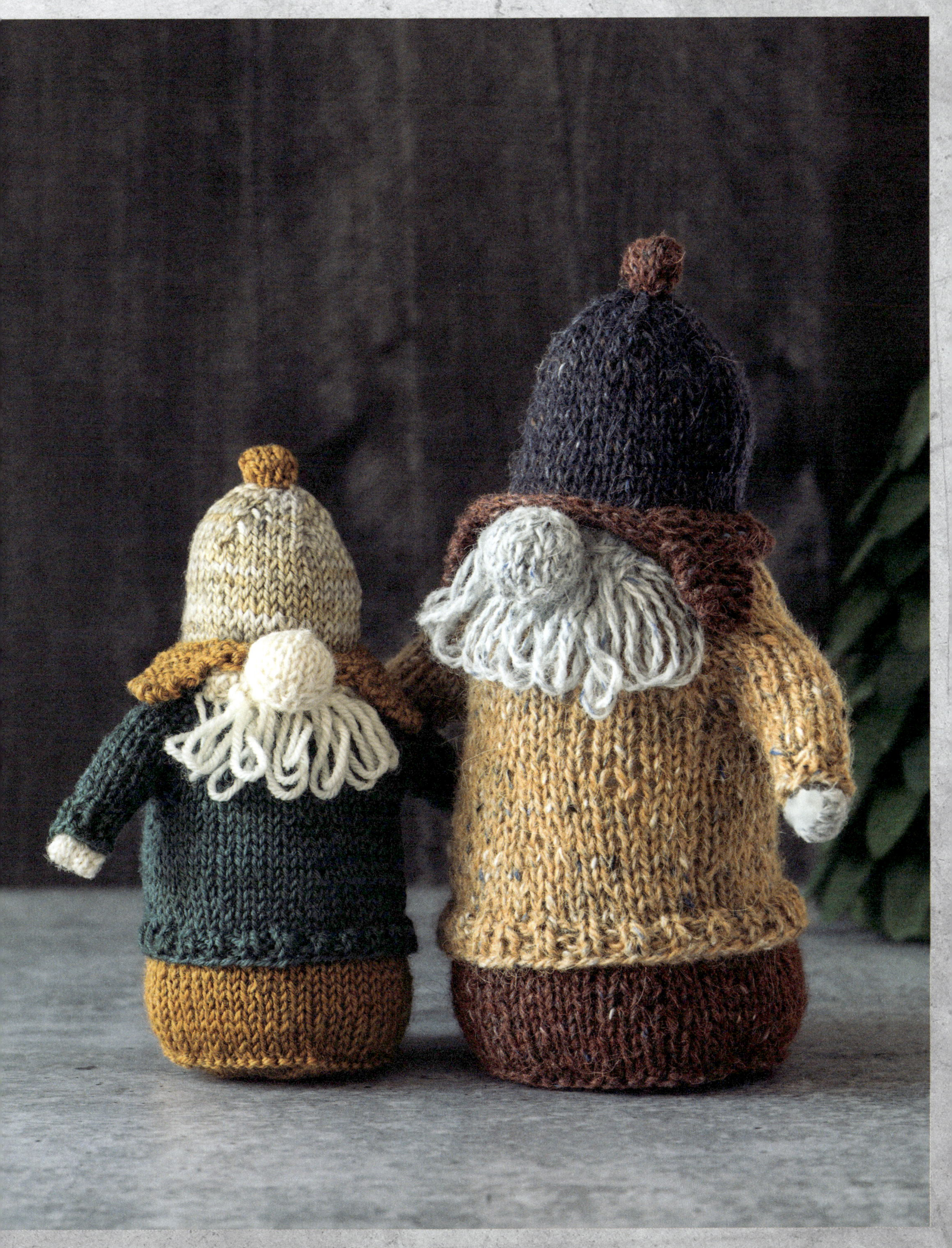

Waldebert
DER WELLENMUSTER-WICHTEL

Waldebert ist ein begeisterter Mountainbiker. Durch den Weihnachtswunderwald schlängeln sich viele Trails, die das Adrenalin so richtig in Wallung bringen. Nach dem Fahren verschnauft er gerne bei einem Teller Scones mit Nussbutter, bevor er sein Fahrrad wieder auf Hochglanz bringt – getreu seinem persönlichen Motto: „Erst das eigene, dann das Fahrradgetriebe schmieren."

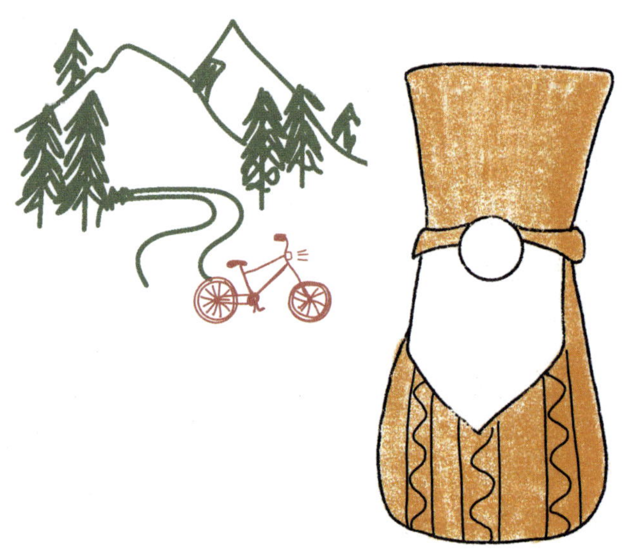

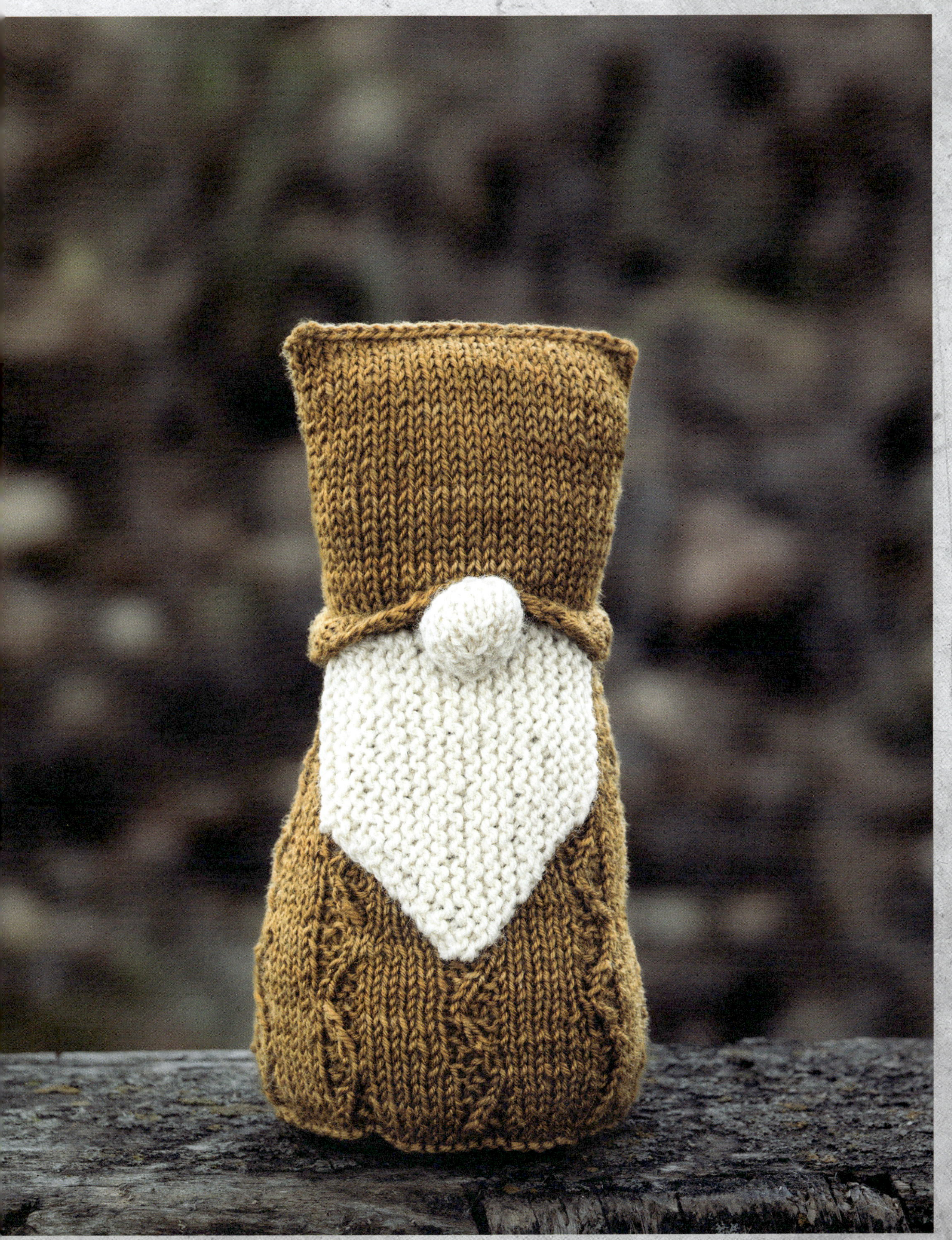

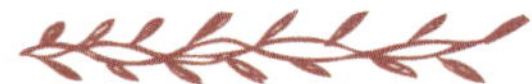

Größe

Klein: 18 cm
bei Verwendung des Originalgarns Miss Babs Katahdin 437

Groß: 23 cm
bei Verwendung des Originalgarns Rowan Felted Tweed

Maschenprobe

Miss Babs Katahdin 437:
32 M und 44 Runden glatt rechts in Runden auf den kleineren Nadeln gestrickt = 10 × 10 cm

Rowan Felted Tweed:
24 M und 36 Runden glatt rechts in Runden auf den kleineren Nadeln gestrickt = 10 × 10 cm

Garn und Farbe

Klein, Miss Babs Katahdin 437
GARN A: Gold (Old Gold)
GARN B: Creme (Naked)

Groß, Rowan Felted Tweed
GARN A: Tweed in Rot (196 Barn Red)
GARN B: Tweed in Hellgrau (197 Alabaster)

Nadeln

Für Miss Babs Katahdin 437 oder ein Ersatzgarn:
2,25 mm und 2,5 mm

Für Rowan Felted Tweed oder ein Ersatzgarn:
3,25 mm und 3,5 mm

Anleitung

DIE MÜTZE

Mit Garn A und den kleineren Nadeln 48 M anschlagen. Die M gleichmäßig auf Nadeln verteilen und zur Runde schließen. RdAnf mit MM kennzeichnen.

Runde 1–4: (3 M li, 3 M re) fortlaufend wdh – 4 Runden.

Offenen MM auf der li S in erste M von Runde 4 setzen, um den Anfangspunkt zum Auffassen der Maschen für den Körper zu kennzeichnen.

Runde 5–30: alle M re str – 26 Runden.

Wenn nötig, die M gleichmäßig auf 2 Nadeln verteilen. Die Nadeln parallel zueinander halten, die Nadel mit dem Arbeitsfaden liegt hinten.

Links auf links mit drei Nadeln abketten, also die zwei Maschenreihen zusammenstricken und gleichzeitig abketten. Die Fadenenden vernähen.

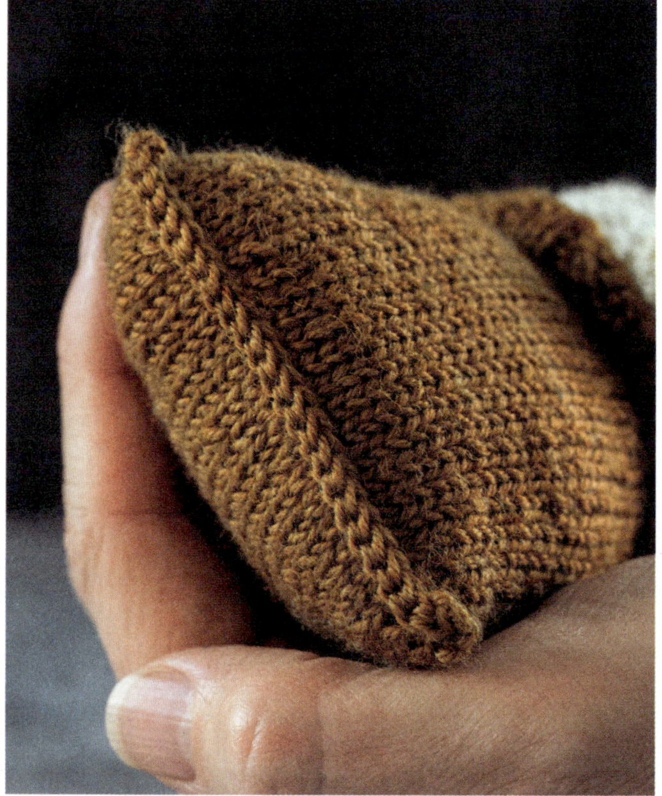

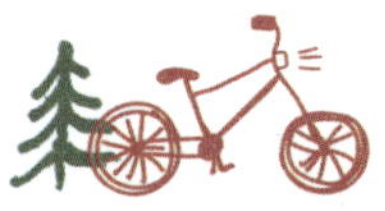

DER KÖRPER

HINWEIS: Lassen Sie sich nicht von der Länge dieser Anleitung abschrecken – für die sanften Rundungen des Körpers werden die Zunahmen über mehrere Runden verteilt.

Das Mützenbündchen und etwa ein Drittel der Mütze umschlagen. Mit den kleineren Nadeln auf der li S der Mütze je 1 M pro M der ersten Runde oberhalb des Rippenmusters auffassen, mit der M links neben dem offenen MM beginnen (48 M). MM entf.

Zur Runde schließen. Garn A ansetzen und RdAnf mit MM kennzeichnen.

HINWEIS: Für die Runden 3–49 gibt es auf den Seiten 45–48 zusätzlich zur Textanleitung die Anleitung in Strickschrift. Die waagrechten Zeilen zeigen entsprechend der Strickrichtung die Maschen von rechts nach links an, die senkrechten Spalten dem Arbeitsfortschritt entsprechend von unten nach oben die Runden. Muster 1 zeigt Runde 3–13, Muster 2 Runde 14–25, Muster 3 zeigt Runde 26–37 und Muster 4 zeigt Runde 38–49.

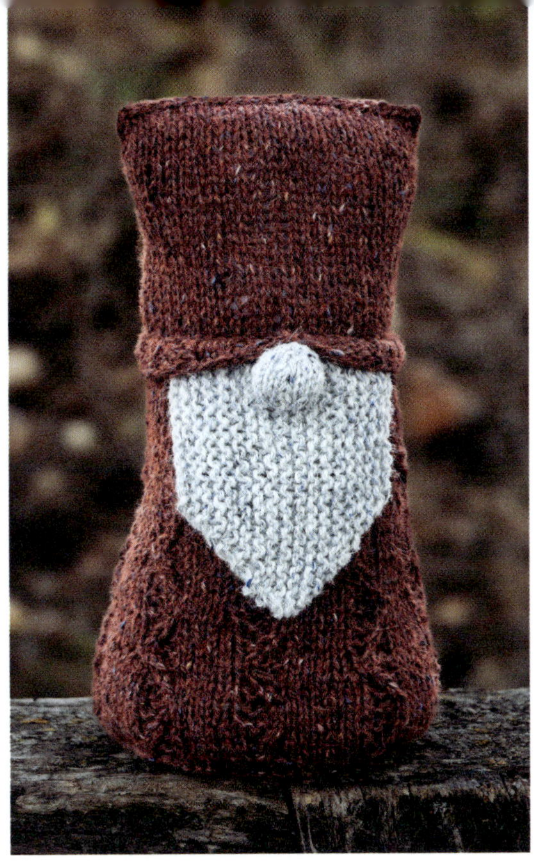

OBEN: große Variante aus dem Garn Rowan Felted Tweed.

Anleitung

Runde 1 und 2: alle M re str – 2 Runden.

Hier beginnt das Muster 1.

Runde 3: (4 M re, 2 M li) achtmal.

Runde 4: (3 M re, 2 M li verkr, 1 M re) achtmal.

Runde 5: (3 M re, 1 M li, 1 M re, 1 M li) achtmal.

Runde 6: (4 M re, 2 M li verkr) achtmal.

Runde 7: (3 M re, 2 M li, 1 M re) achtmal.

Runde 8: alle M re str.

Runde 9: (3 M re, 2 M li, 1 M re) achtmal.

Runde 10: (4 M re, 2 M re verkr) achtmal.

Runde 11: (3 M re, 1 M li, 1 M re, 1 M li) achtmal.

Runde 12: (3 M re, 2 M re verkr, 1 M re) achtmal.

Runde 13: (4 M re, 2 M li) achtmal.

LEGENDE:

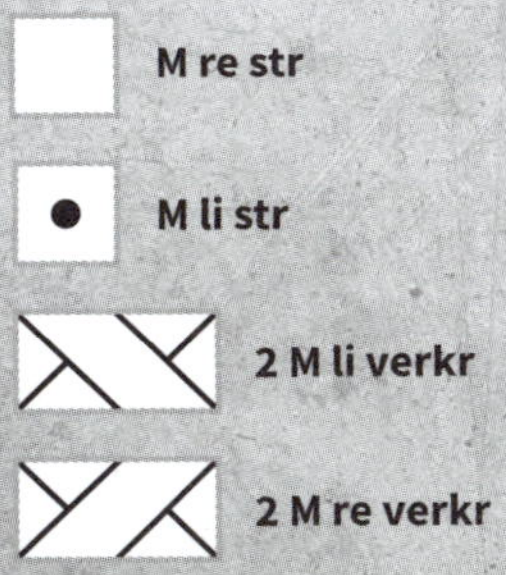

- ☐ **M re str**
- • **M li str**
- **2 M li verkr**
- **2 M re verkr**

MUSTER 1

Muster 1 achtmal pro Runde wiederholen.

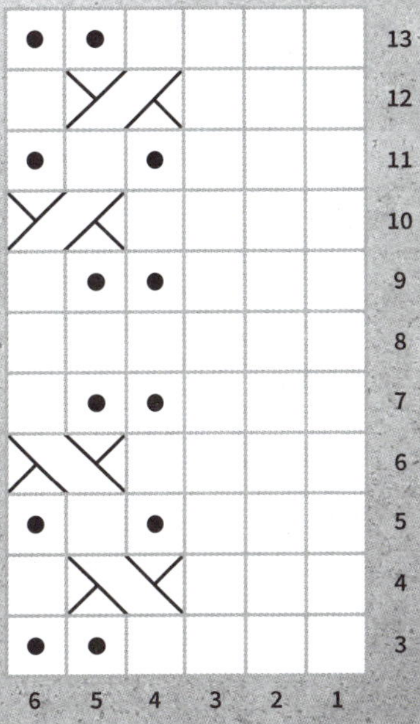

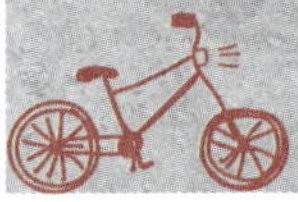

6	5	4	3	2	1	Runde
•	•					13
	2 M re verkr					12
•		•				11
2 M re verkr						10
	•	•				9
						8
	•	•				7
2 M li verkr						6
•		•				5
	2 M li verkr					4
•	•					3

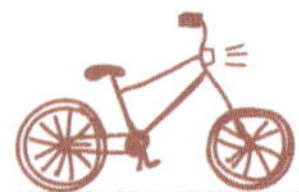

MUSTER 2:

Muster 2 viermal pro Runde wiederholen.

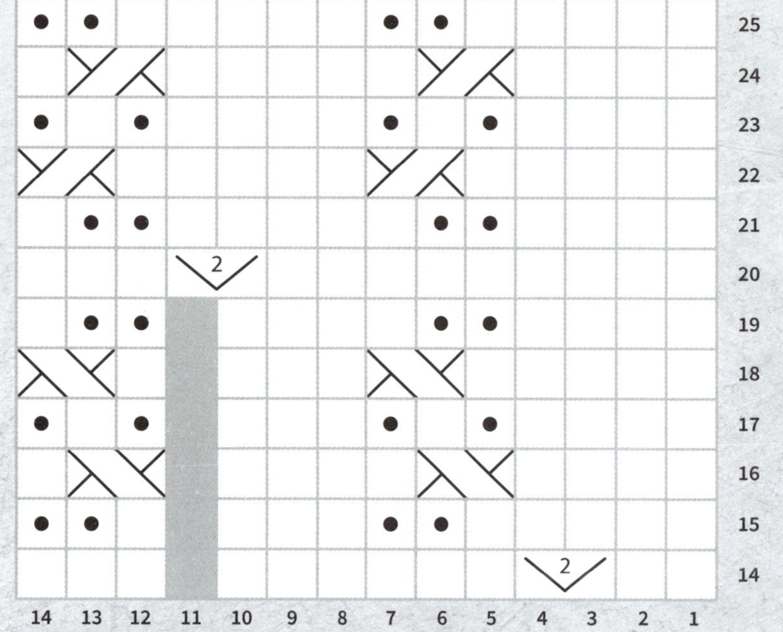

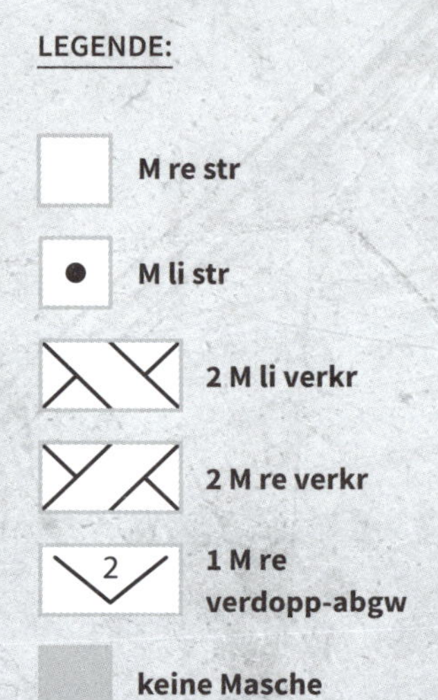

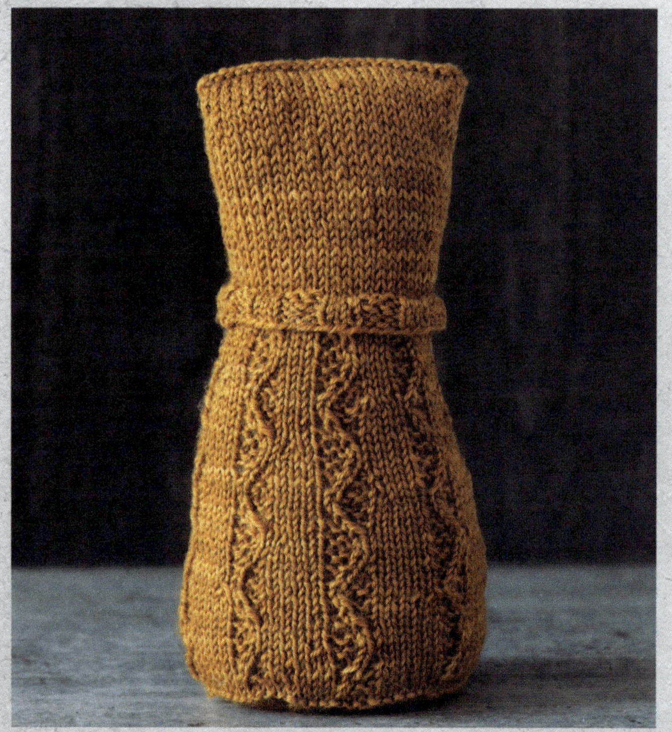

Hier beginnt das Muster 2.

Runde 14: (2 M re, 1 M re verdopp-abgw, 9 M re) viermal – 4 Zun (52 M).

Runde 15: (5 M re, 2 M li, 4 M re, 2 M li) viermal.

Runde 16: (4 M re, 2 M li verkr) zweimal, 1 M re) viermal.

Runde 17: (4 M re, 1 M li, 1 M re, 1 M li, 3 M re, 1 M li, 1 M re, 1 M li) viermal.

Runde 18: (5 M re, 2 M li verkr, 4 M re, 2 M li verkr) viermal.

Runde 19: ((4 M re, 2 M li) zweimal, 1 M re) viermal.

Runde 20: (9 M re, 1 M re verdopp-abgw, 3 M re) viermal – 4 Zun (56 M).

Runde 21: (4 M re, 2 M li, 5 M re, 2 M li, 1 M re) viermal.

Runde 22: (5 M re, 2 M re verkr) achtmal.

Runde 23: (4 M re, 1 M li, 1 M re, 1 M li) achtmal.

Runde 24: (4 M re, 2 M re verkr, 5 M re, 2 M re verkr, 1 M re) viermal.

Runde 25: (5 M re, 2 M li) achtmal.

MUSTER 3:

Muster 3 viermal pro Runde wiederholen.

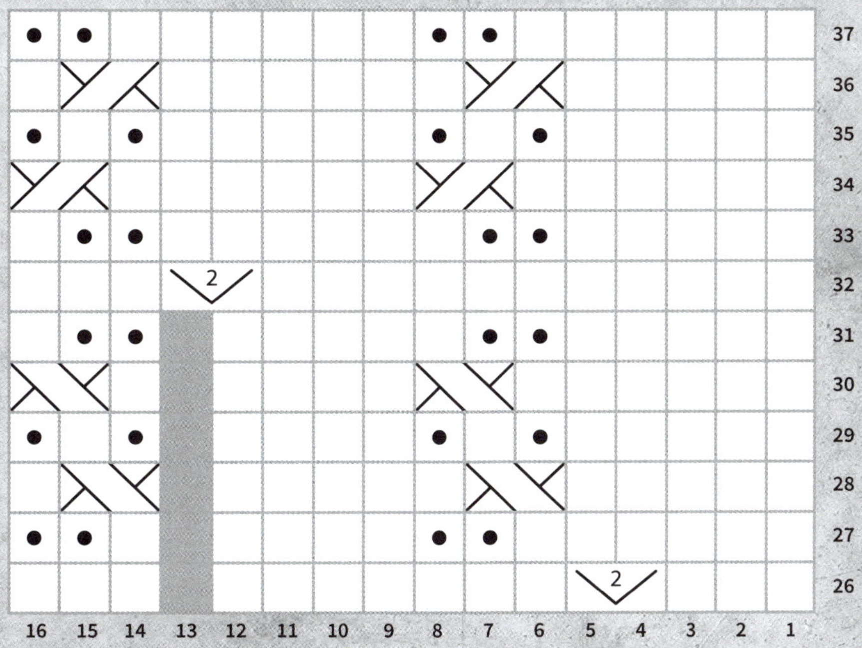

Hier beginnt das Muster 3.

Runde 26: (3 M re, 1 M re verdopp-abgw, 10 M re) viermal (60 M).

Runde 27: (6 M re, 2 M li, 5 M re, 2 M li) viermal.

Runde 28: ((5 M re, 2 M li verkr) zweimal, 1 M re) viermal.

Runde 29: (5 M re, 1 M li, 1 M re, 1 M li, 4 M re, 1 M li, 1 M re, 1 M li) viermal.

Runde 30: (6 M re, 2 M li verkr, 5 M re, 2 M li verkr) viermal.

Runde 31: ((5 M re, 2 M li) zweimal, 1 M re) viermal.

Runde 32: (11 M re, 1 M re verdopp-abgw, 3 M re) viermal – 4 Zun (64 M).

Runde 33: (5 M re, 2 M li, 6 M re, 2 M li, 1 M re) viermal.

Runde 34: (6 M re, 2 M re verkr) achtmal.

Runde 35: (5 M re, 1 M li, 1 M re, 1 M li) achtmal.

Runde 36: (5 M re, 2 M re verkr, 6 M re, 2 M re verkr, 1 M re) viermal.

Runde 37: (6 M re, 2 M li) achtmal.

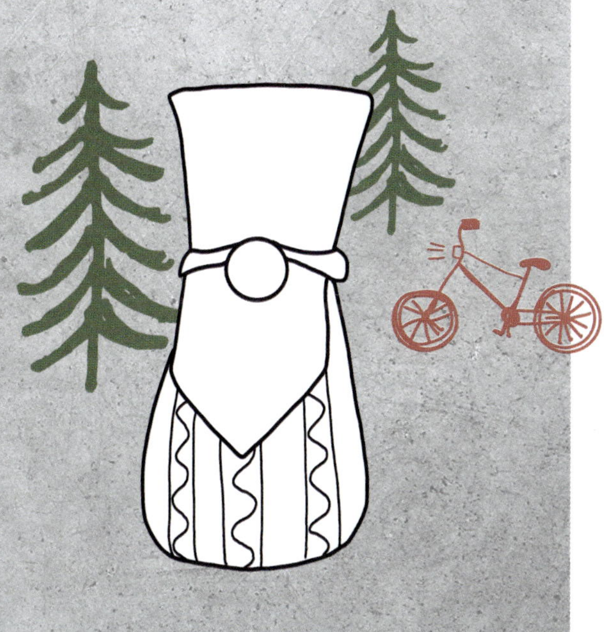

MUSTER 4:

Muster 4 viermal pro Runde wiederholen.

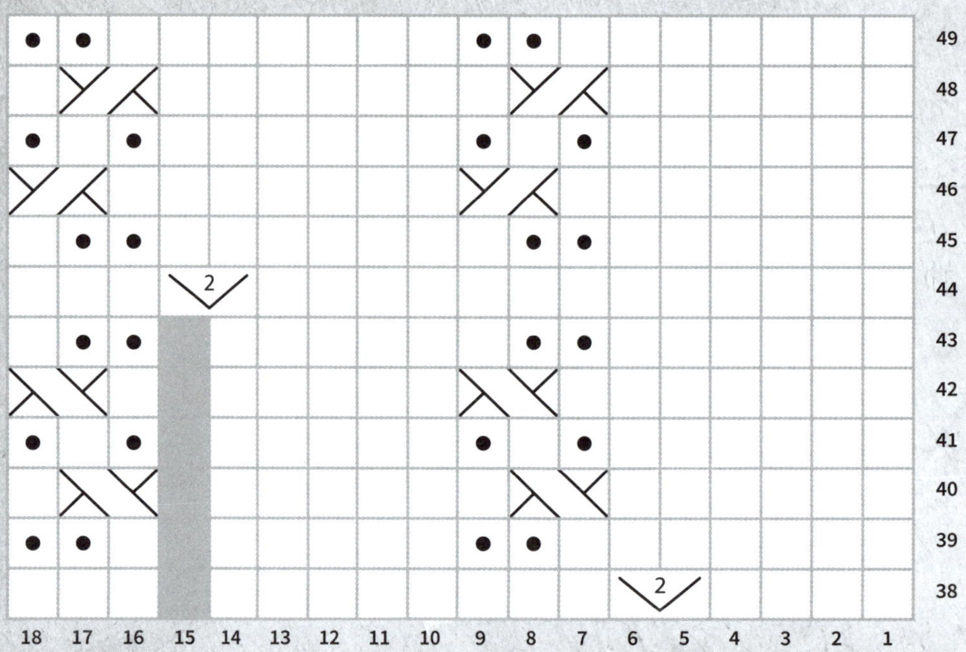

LEGENDE:

- M re str
- ● M li str
- 2 M li verkr
- 2 M re verkr
- 2 1 M re verdopp-abgw
- keine Masche

Hier beginnt das Muster 4.

Runde 38: (4 M re, 1 M re verdopp-abgw, 11 M re) viermal – 4 Zun (68 M).

Runde 39: (7 M re, 2 M li, 6 M re, 2 M li) viermal.

Runde 40: ((6 M re, 2 M li verkr) zweimal, 1 M re) viermal.

Runde 41: (6 M re, 1 M li, 1 M re, 1 M li, 5 M re, 1 M li, 1 M re, 1 M li) viermal.

Runde 42: (7 M re, 2 M li verkr, 6 M re, 2 M li verkr) viermal.

Runde 43: ((6 M re, 2 M li) zweimal, 1 M re) viermal.

Runde 44: (13 M re, 1 M re verdopp-abgw, 3 M re) viermal – 4 Zun (72 M).

Runde 45: (6 M re, 2 M li, 7 M re, 2 M li, 1 M re) viermal.

Runde 46: (7 M re, 2 M re verkr) achtmal.

Runde 47: (6 M re, 1 M li, 1 M re, 1 M li) achtmal.

Runde 48: (6 M re, 2 M re verkr, 7 M re, 2 M re verkr, 1 M re) viermal.

Runde 49: (7 M re, 2 M li) achtmal (72 M).

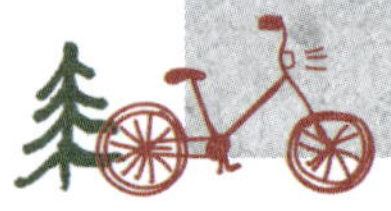

Das Fadenende vom Körperanfang vernähen.

Runde 50: alle M re str.

Runde 51: alle M li str.

Runde 52: (12 M re, MM setzen) sechsmal.

HINWEIS: In den folgenden Runden dient der MM am RdAnf als Orientierungspunkt für die Formgebung durch Stricken der Zu- und Abnahmen.

Abnahmerunde (M re str bis zur vorletzten M vor MM, 2 M re zusstr, MM abh) sechsmal – 6 Abn (66 M).

Abnahmerunde fünfmal wdh, sodass jeder Abschnitt noch aus 6 M besteht (36 M insgesamt).

Mütze und zwei Drittel des Körpers mit weicher Füllung ausstopfen.

Abnahmerunde zweimal wdh, sodass jeder Abschnitt noch aus 4 M besteht (24 M insgesamt).

Den Körper bis zur Krausrippe mit Füllung zum Beschweren ausstopfen. Mit einer dünnen Schicht weicher Füllung bedecken, sodass die Kügelchen, Bohnen oder anderen Kleinteile, die Sie zum Beschweren verwenden, beim Stricken der letzten Runden nicht herausfallen.

Abnahmerunde dreimal wdh, sodass nur noch 6 M übrig sind, dabei MM entf.

Den Faden abschneiden. Das Fadenende auf eine Wollnadel fädeln, durch die verbleibenden Maschen führen und zusammenziehen.

Das Fadenende vernähen.

WAS DER WICHTEL SONST NOCH BRAUCHT

- 1 kraus rechts gestrickter Bart (siehe Seite 22) mit den größeren Nadeln und Garn B.
- 1 große Nase (siehe Seite 23) mit den größeren Nadeln und Garn B.

FERTIGSTELLEN

Das Mützenbündchen nach oben umschlagen. Den Bart auf Höhe der ersten Runde des Körpers annähen. Die Nase mittig auf dem Bart annähen. Das Mützenbündchen wieder nach unten umschlagen. Jetzt können Sie gemeinsam mit Ihrem Wichtel bei ein paar Scones verschnaufen.

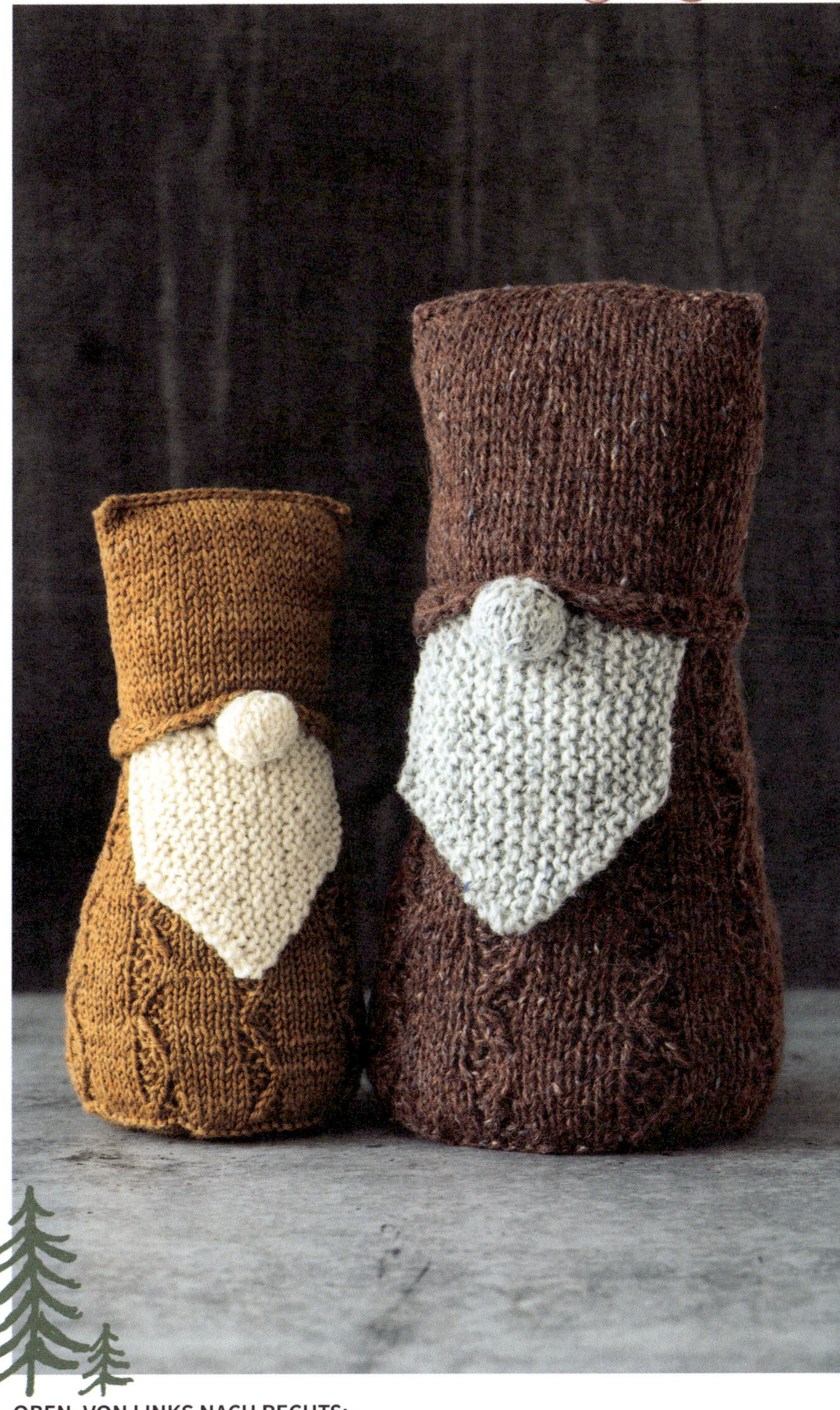

OBEN, VON LINKS NACH RECHTS:
kleine Variante aus dem Garn Miss Babs Katahdin 437; große Variante aus dem Garn Rowan Felted Tweed.

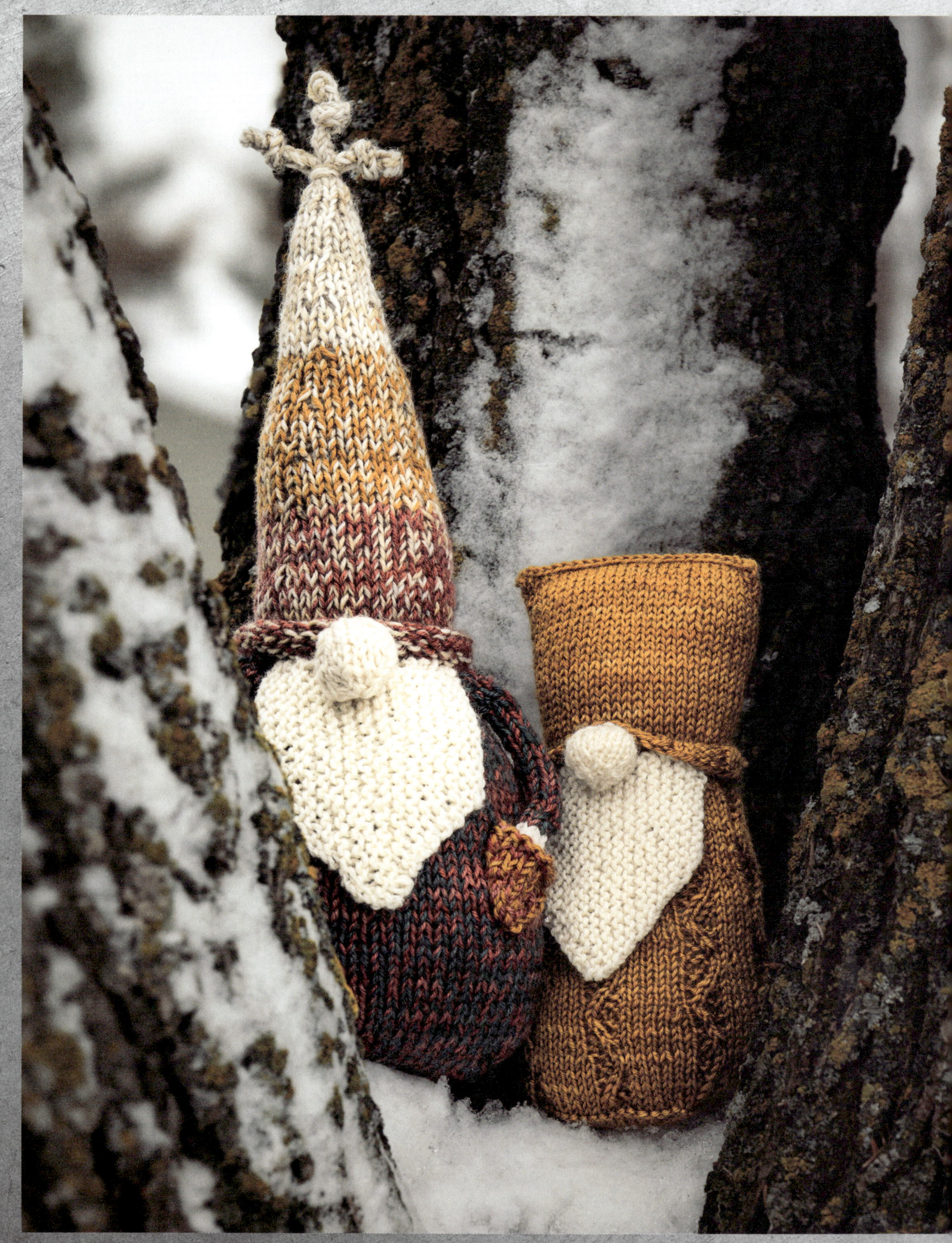

Am Tag des ersten Schnees wird im Weihnachtswunderwald stets ein spontaner Feiertag ausgerufen. Man genießt die verwandelten Ausblicke, picknickt rund ums Lagerfeuer und besingt das Schneegestöber … Wichtel wissen eben, worauf es ankommt!

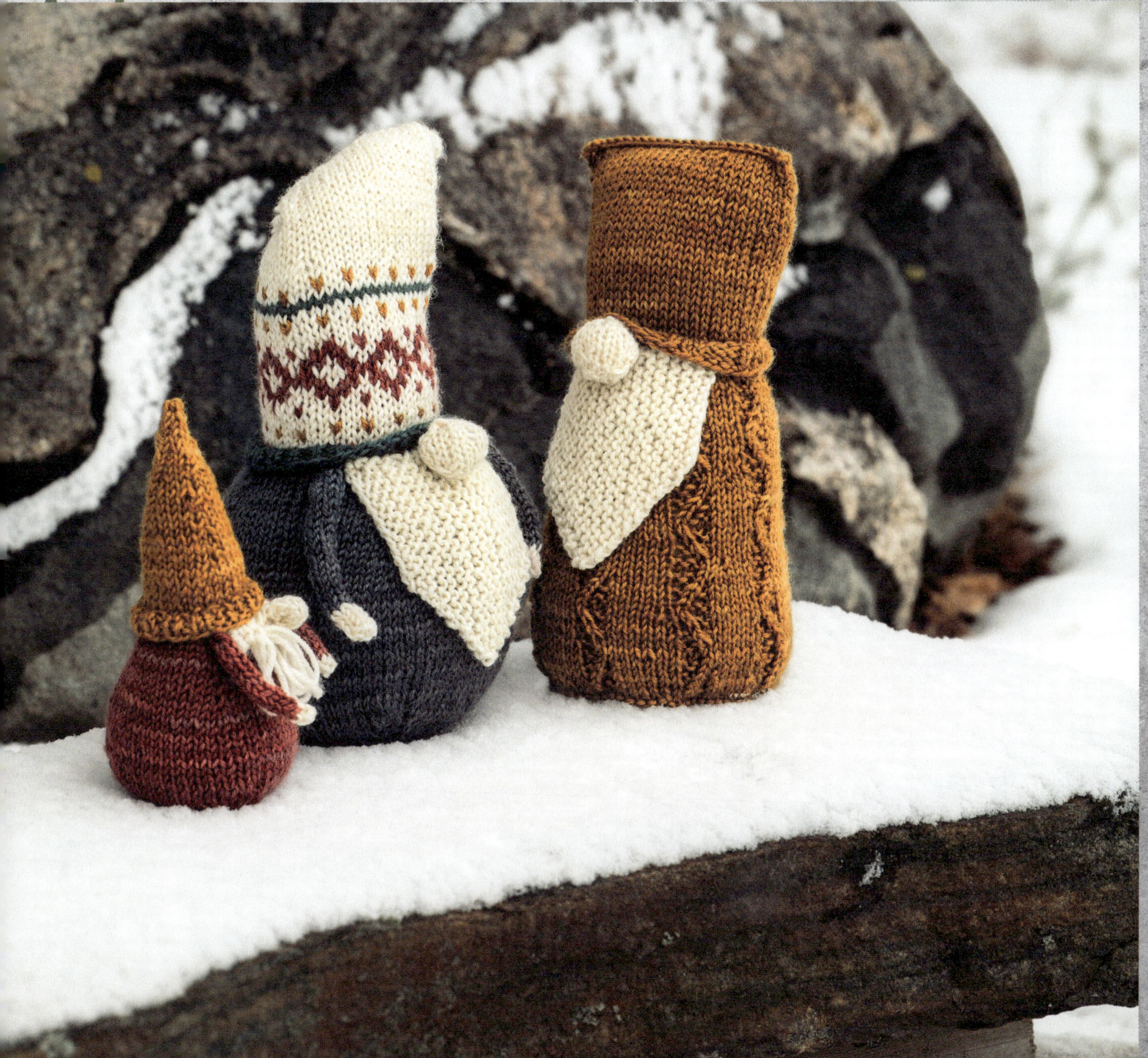

Waldburg

DER MUSTER-WICHTEL

Waldburg ist als Bekleidungshistorikerin der Marienkäferkönigin angestellt. Heimlich arbeitet sie an einem neuen Design für eine Bartschürze, um das markanteste Merkmal eines jeden Wichtels zu schützen. Als Inspiration diente ihr das lederne Bartfutteral eines Schmiedes aus dem 7. Jahrhundert nach Beginn der Zeitrechnung der Wichtel, das einst den Bart vor Funkenflug schützte.

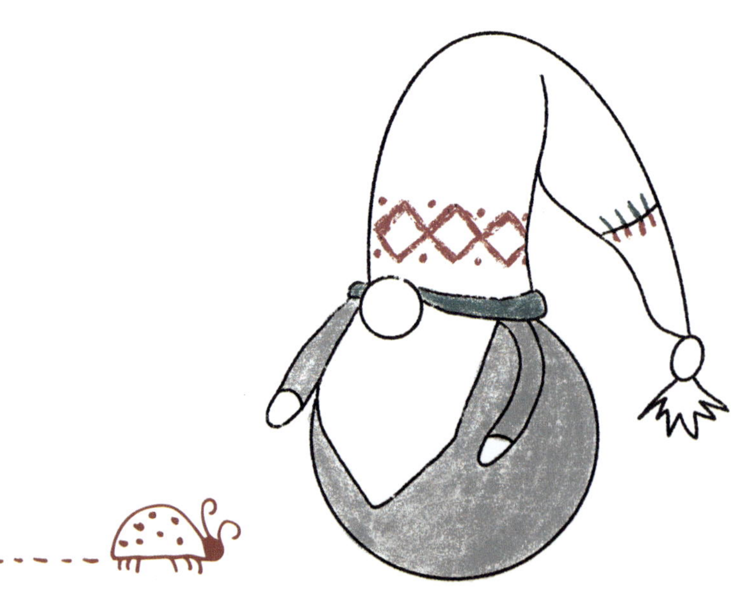

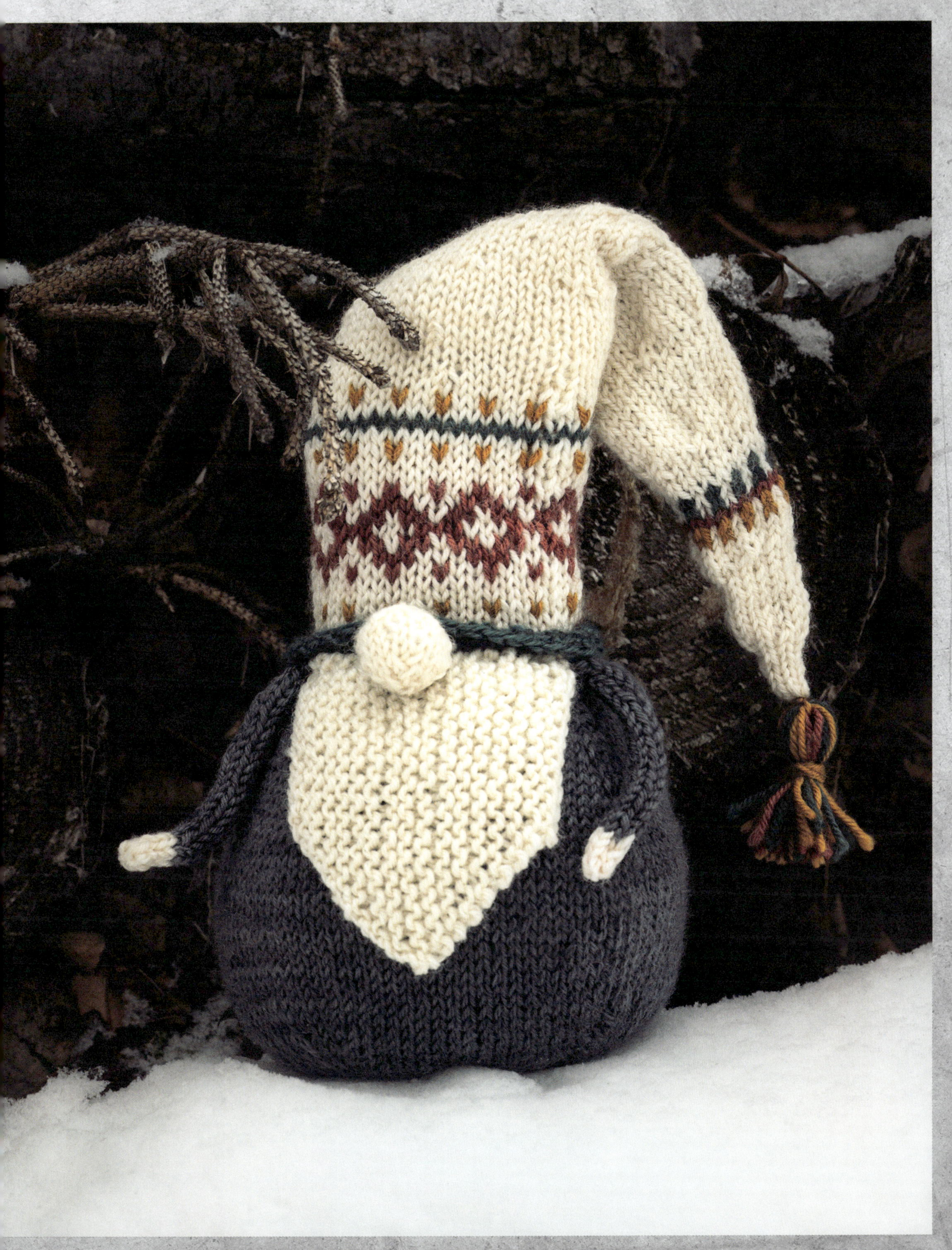

Größe

Klein: 19 cm
bei Verwendung des Originalgarns Miss Babs Katahdin 437

Groß: 24 cm
bei Verwendung des Originalgarns Rowan Felted Tweed

Maschenprobe

Miss Babs Katahdin 437:
32 M und 44 Runden glatt rechts in Runden auf den kleineren Nadeln gestrickt = 10 × 10 cm

Rowan Felted Tweed:
24 M und 36 Runden glatt rechts in Runden auf den kleineren Nadeln gestrickt = 10 × 10 cm

Garn und Farbe

Klein, Miss Babs Katahdin 437
GARN A: Türkis (Blackwatch)
GARN B: Rot (Corset)
GARN C: Creme (Naked)
GARN D: Gold (Old Gold)
GARN E: Schiefergrau (Carina)

Groß, Rowan Felted Tweed
GARN A: Tweed in Rot (196 Barn Red)
GARN B: Tweed in Dunkelblau (170 Seafarer)
GARN C: Tweed in Hellgrau (197 Alabaster)
GARN D: Tweed in Minzgrün (209 Eden)
GARN E: Tweed in Senfgelb (193 Cumin)

Nadeln

Für Miss Babs Katahdin 437 oder ein Ersatzgarn:
2,25 mm und 2,5 mm

Für Rowan Felted Tweed oder ein Ersatzgarn:
3,25 mm und 3,5 mm

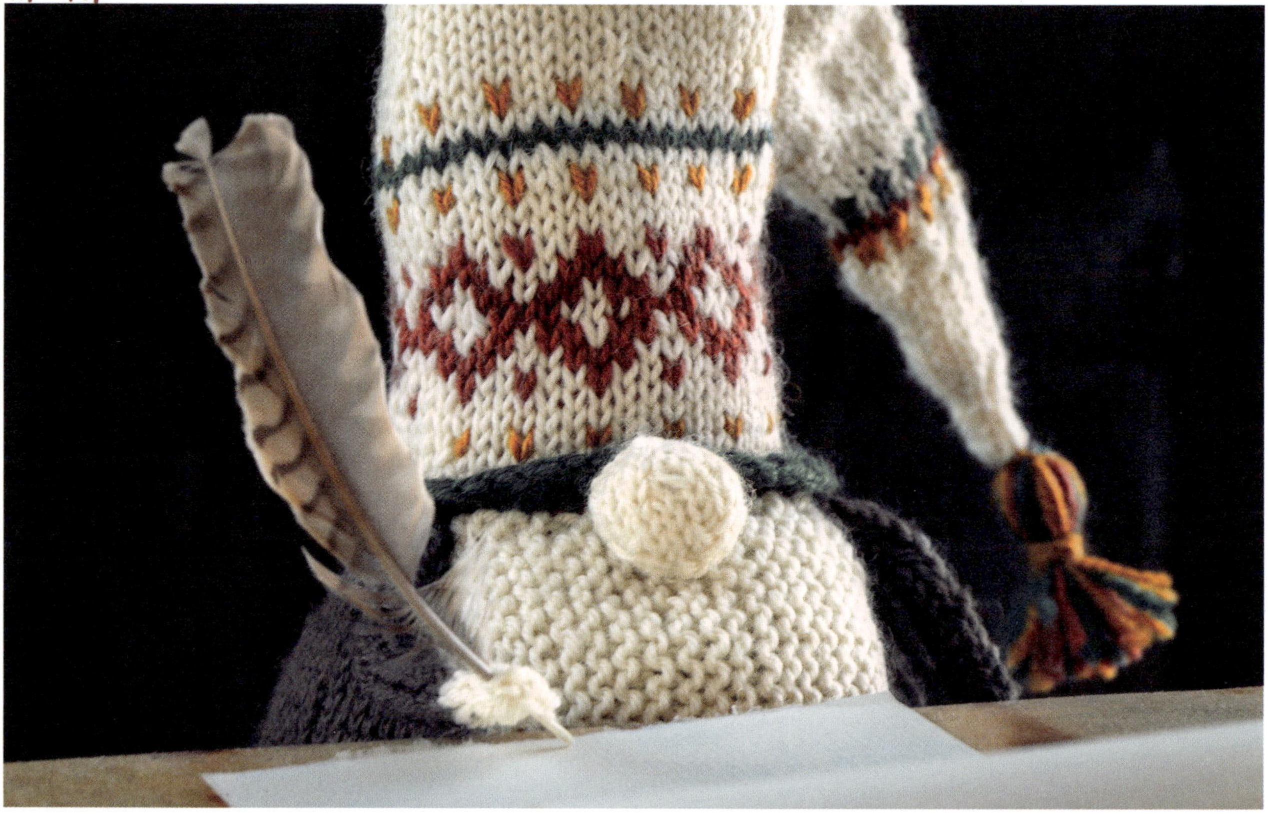

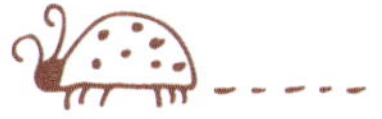

Anleitung

DIE MÜTZE

HINWEIS 1: Es werden offene MM gesetzt, um das Falten der Mütze zu erleichtern. Setzen Sie einen in der zwölften M von Runde 21 und einen in der letzten M von Runde 60.

HINWEIS 2: Die Muster auf Seite 56 zeigen die Garnfarben von Miss Babs Katahdin 437 für die kleine Variante des Wichtels.
Wenn Sie die große Variante aus dem Garn Rowan Felted Tweed stricken, ersetzen Sie Garn A einfach durch das am Anfang dieser Anleitung für die große Variante angegebene Garn A, Garn B durch das entsprechende Garn B und so weiter. Für Muster 2 Garn B für die Runden 70 und 71 verwenden, Garn A für Runde 72 und Garn D für die Runden 73 und 74.

HINWEIS 3: Für die Runden 5–24 und 68–76 gibt es auf der Seiten 56 zusätzlich zur Textanleitung die Anleitung in Strickschrift. Die waagrechten Zeilen zeigen entsprechend der Strickrichtung die Maschen von rechts nach links an, die senkrechten Spalten dem Arbeitsfortschritt entsprechend von unten nach oben die Runden. Muster 1 zeigt Runde 5–24, Muster 2 zeigt Runde 68–76.

Mit Garn A und den kleineren Nadeln 48 M anschlagen. Die M gleichmäßig auf Nadeln verteilen und zur Runde schließen. RdAnf mit MM kennzeichnen.

Runde 1–4: (1 M re, 1 M li) fortlaufend wdh – 4 Runden.

Garn A abschneiden. Offenen MM auf der li S in erste M von Runde 4 setzen, um den Anfangspunkt zum Auffassen der Maschen für den Körper zu kennzeichnen.

Runde 5–24: siehe Textanleitung und Muster 1 auf Seite 56. Das Muster jeweils achtmal pro Runde wdh.

Alle Garne außer Garn C nach Verwendung abschneiden. Wenn nicht anders angegeben, mit Garn C stricken.

Runde 25: alle M re str (48 M).

Runde 26: (8 M re, MM setzen) sechsmal.

Runde 27: (M re str bis zur vorletzten M vor MM, 2 M re zusstr, MM abh) sechsmal – 6 Abn (42 M).

Runde 28–36: alle M re str – 9 Runden.

Runde 37–66: Runde 27–36 dreimal wdh, offenen MM in letzte M von Runde 60 setzen – 30 Runden (24 M).

Runde 67: (M re str bis zur vorletzten M vor MM, 2 M re zusstr, MM abh) sechsmal – 6 Abn (18 M).

Runde 68–76: siehe Textanleitung und Muster 2 auf Seite 56. Das Muster jeweils neunmal pro Runde wdh.

Alle Garne außer Garn C abschneiden und die Mütze mit Garn C zu Ende stricken.

Runde 77–86: Runde 27–36 einmal wdh – 10 Runden (12 M).

Runde 87: MM während des Strickens entf, (2 M re zusstr) sechsmal – 6 Abn (6 M).

Runde 88–92: alle M re str.

Runde 93: (2 M re zusstr) dreimal – 3 Abn (3 M).

Den Faden abschneiden. Das Fadenende auf eine Wollnadel fädeln und diese von rechts nach links durch die M auf der Nadel führen. Die Fadenenden vernähen, einweichen und in Form bringen.

LINKE SEITE: kleine Variante aus dem Garn Miss Babs Katahdin 437.
LINKS: große Variante aus dem Garn Rowan Felted Tweed.

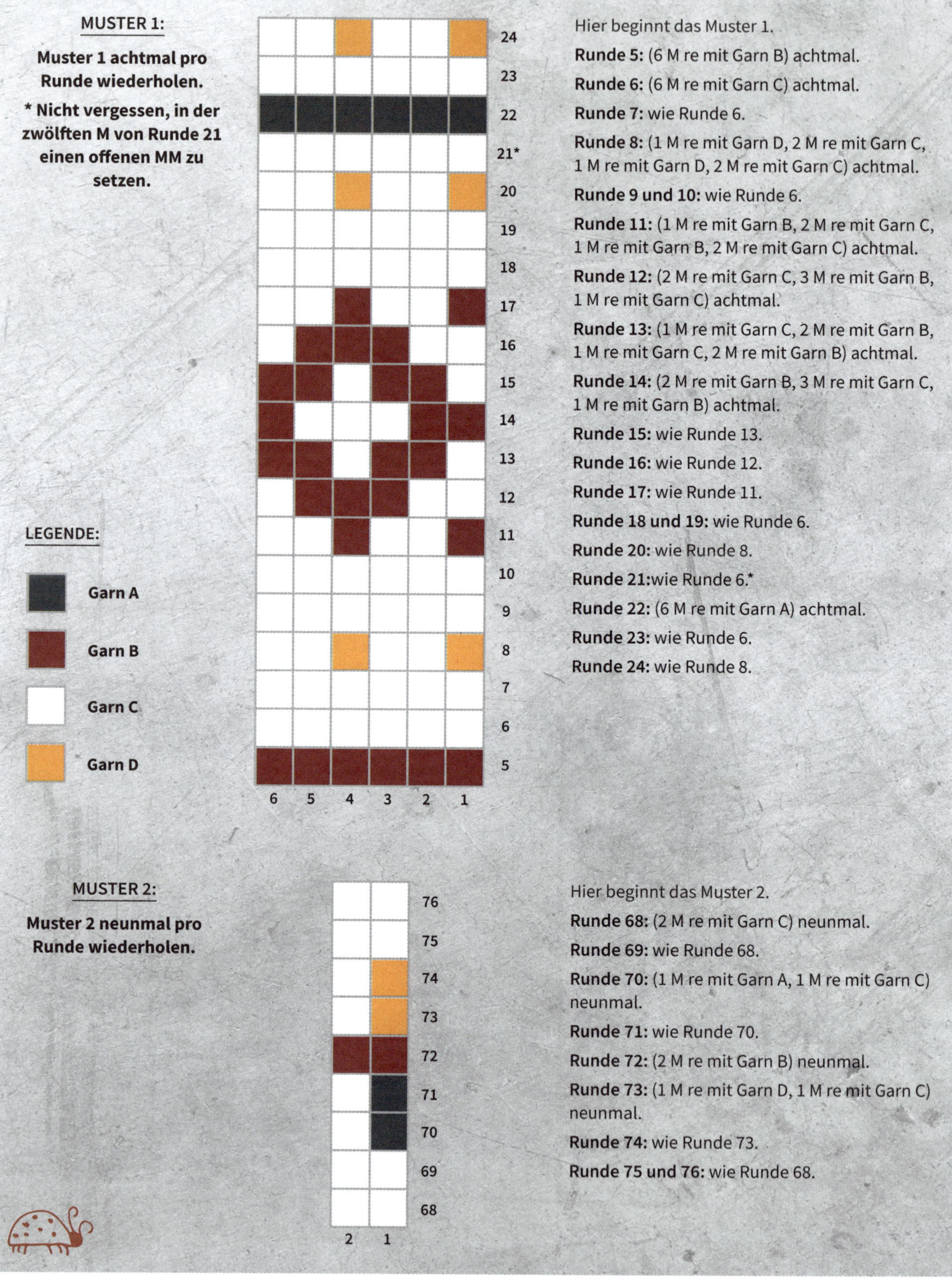

MUSTER 1:

Muster 1 achtmal pro Runde wiederholen.

*** Nicht vergessen, in der zwölften M von Runde 21 einen offenen MM zu setzen.**

LEGENDE:

Garn A

Garn B

Garn C

Garn D

Hier beginnt das Muster 1.

Runde 5: (6 M re mit Garn B) achtmal.

Runde 6: (6 M re mit Garn C) achtmal.

Runde 7: wie Runde 6.

Runde 8: (1 M re mit Garn D, 2 M re mit Garn C, 1 M re mit Garn D, 2 M re mit Garn C) achtmal.

Runde 9 und 10: wie Runde 6.

Runde 11: (1 M re mit Garn B, 2 M re mit Garn C, 1 M re mit Garn B, 2 M re mit Garn C) achtmal.

Runde 12: (2 M re mit Garn C, 3 M re mit Garn B, 1 M re mit Garn C) achtmal.

Runde 13: (1 M re mit Garn C, 2 M re mit Garn B, 1 M re mit Garn C, 2 M re mit Garn B) achtmal.

Runde 14: (2 M re mit Garn B, 3 M re mit Garn C, 1 M re mit Garn B) achtmal.

Runde 15: wie Runde 13.

Runde 16: wie Runde 12.

Runde 17: wie Runde 11.

Runde 18 und 19: wie Runde 6.

Runde 20: wie Runde 8.

Runde 21:wie Runde 6.*

Runde 22: (6 M re mit Garn A) achtmal.

Runde 23: wie Runde 6.

Runde 24: wie Runde 8.

MUSTER 2:

Muster 2 neunmal pro Runde wiederholen.

Hier beginnt das Muster 2.

Runde 68: (2 M re mit Garn C) neunmal.

Runde 69: wie Runde 68.

Runde 70: (1 M re mit Garn A, 1 M re mit Garn C) neunmal.

Runde 71: wie Runde 70.

Runde 72: (2 M re mit Garn B) neunmal.

Runde 73: (1 M re mit Garn D, 1 M re mit Garn C) neunmal.

Runde 74: wie Runde 73.

Runde 75 und 76: wie Runde 68.

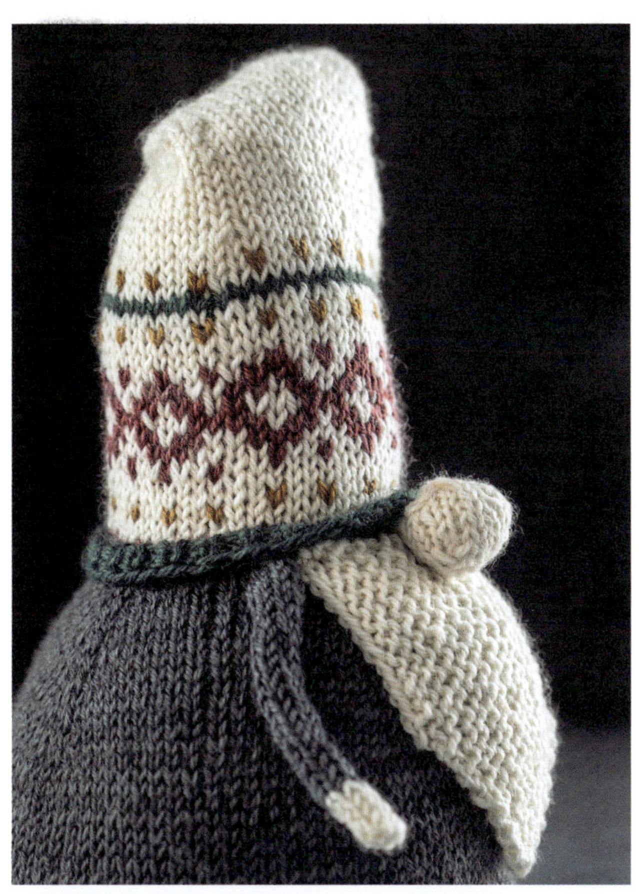
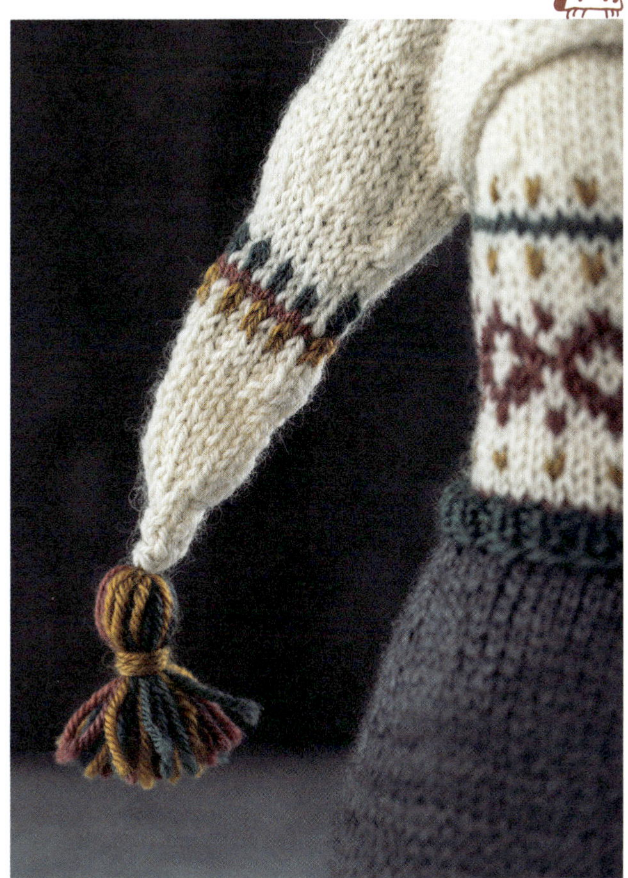
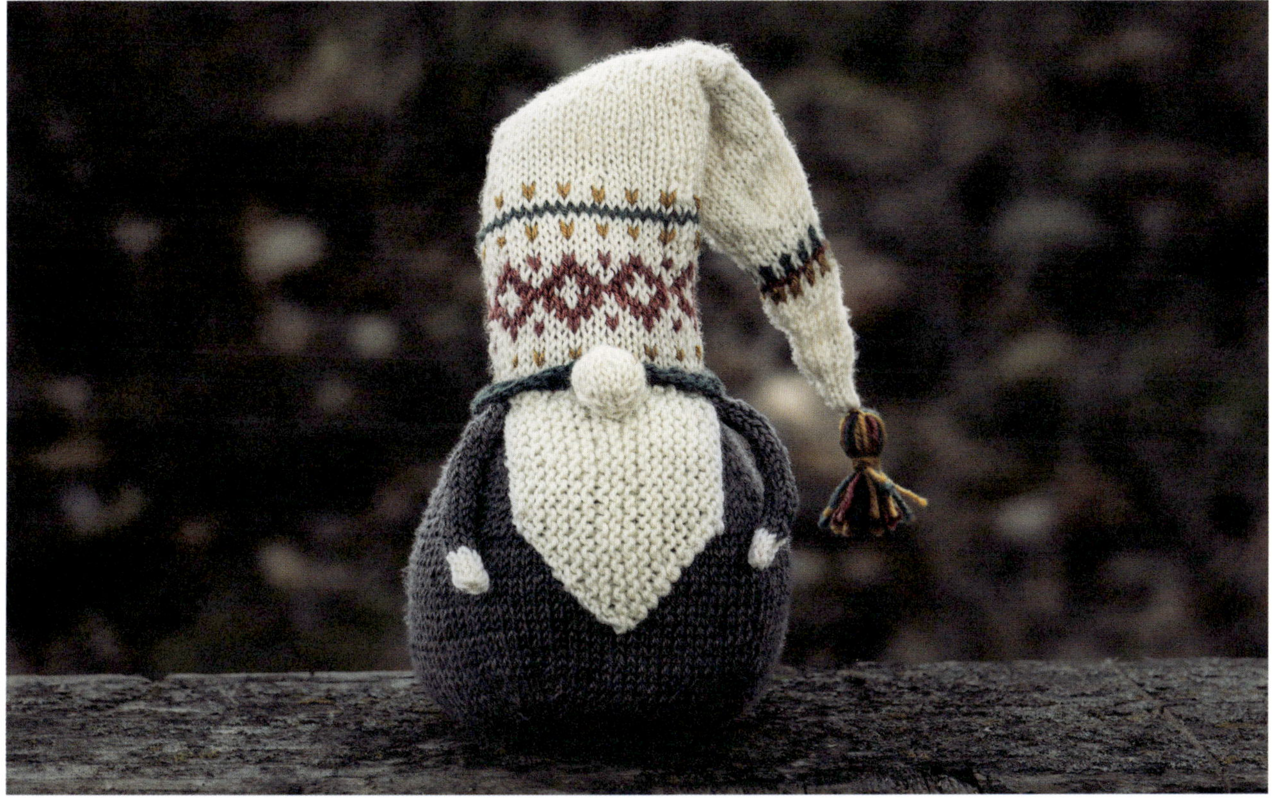

DER KÖRPER

Das Mützenbündchen und etwa ein Drittel der Mütze umschlagen. Mit den kleineren Nadeln auf der li S der Mütze je 1 M pro M der letzten mit Garn A gestrickten Runde auffassen, mit der M links neben dem offenen MM beginnen (48 M). MM entfernen.

Zur Runde schließen, dann Garn E aufnehmen. RdAnf mit MM kennzeichnen.

Runde 1 und 2: alle M re str – 2 Runden.

Runde 3: 6 M re, (MM setzen, 12 M re) dreimal, MM setzen, 6 M re.

Runde 4: (M re str bis zur letzten M vor MM, re gen Zun, 1 M re, MM abh, 1 M re, li gen Zun) viermal, M re str bis RdEnde – 8 Zun (56 M).

Runde 5: alle M re str.

Runde 6: (M re str bis zur letzten M vor MM, re gen Zun, 1 M re, MM abh, 1 M re, li gen Zun) viermal, M re str bis RdEnde – 8 Zun (64 M).

Runde 7 und 8: alle M re str – 2 Runden.

Runde 9–20: Runde 6–8 viermal wdh – 12 Runden (96 M).

Runde 21–34: alle M re str – 14 Runden.

Runde 35: (M re str bis zur dritten M vor MM, li gen Abn-abgw, 1 M re, MM abh, 1 M re, 2 M re zusstr) viermal, M re str bis RdEnde – 8 Abn (88 M).

Runde 36: alle M re str.

Runde 37–42: Runde 35 und 36 dreimal wdh – 6 Runden (64 M).

Ein 45 cm langes Stück von Garn C zuschneiden und auf eine Wollnadel fädeln. Die Mütze so falten, dass die offenen MM aus Runde 21 und 60 aufeinanderliegen. Es entsteht eine Dreiecksform mit zwei Eckpunkten an der oberen Kante der Mütze und einem Eckpunkt an der Seite, wo sie auf den offenen MM trifft.

Die Lagen der Mütze an den drei Ecken des entstandenen Dreiecks zusammennähen.

Die Fadenenden von Garn C und das Ende vom Körperanfang vernähen. MM aus Mütze entfernen.

Die Arbeit am Körper fortsetzen.

Runde 43: MM während des Strickens entf; (2 M re, 2 M re zusstr) sechzehnmal – 16 Abn (48 M).

Runde 44 und 45: alle M re str – 2 Runden.

Falls Waldburg ein Spielzeug werden soll, die Anmerkung zum Muster unten links beachten. Die Mütze bis zur Faltkante locker mit weicher Füllung ausstopfen. Die Mütze sollte am oberen Ende platter und Richtung Bündchen praller gefüllt sein. Zwei Drittel des Körpers fest mit weicher Füllung ausstopfen.

Runde 46: (1 M re, 2 M re zusstr) sechzehnmal – 16 Abn (32 M).

Runde 47 und 48: alle M re str – 2 Runden.

Runde 49: (2 M re zusstr) sechzehnmal – 16 Abn (16 M).

Mit Füllung zum Beschweren ausstopfen. Mit einer dünnen Schicht weicher Füllung bedecken, sodass die Kügelchen, Bohnen oder andere Kleinteile, die Sie zum Beschweren verwenden, beim Stricken der letzten Runde nicht herausfallen.

Runde 50: (2 M re zusstr) achtmal (8 M).

Den Faden abschneiden. Das Fadenende auf eine Wollnadel fädeln, durch die verbleibenden Maschen führen und zusammenziehen. Das Fadenende vernähen.

Anmerkung zum Muster

Wenn Ihre Waldburg ein Spielzeug werden soll, empfehle ich, entweder entlang der gesamten Faltkante zu nähen und die Mütze nur bis zur Falte zu füllen oder die Mütze gar nicht zu falten und sie bis zur Spitze zu füllen. (Siehe Anweisungen nach Runde 44 und 45.)

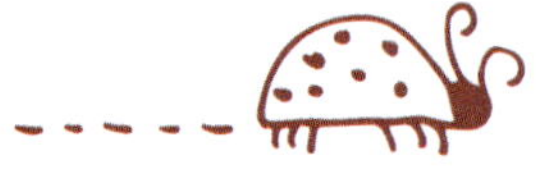

UNTEN, VON LINKS NACH RECHTS: kleine Variante aus dem Garn Miss Babs Katahdin 437 und große Variante aus dem Garn Rowan Felted Tweed. Bei der großen Variante wurden noch Füße hinzugefügt.

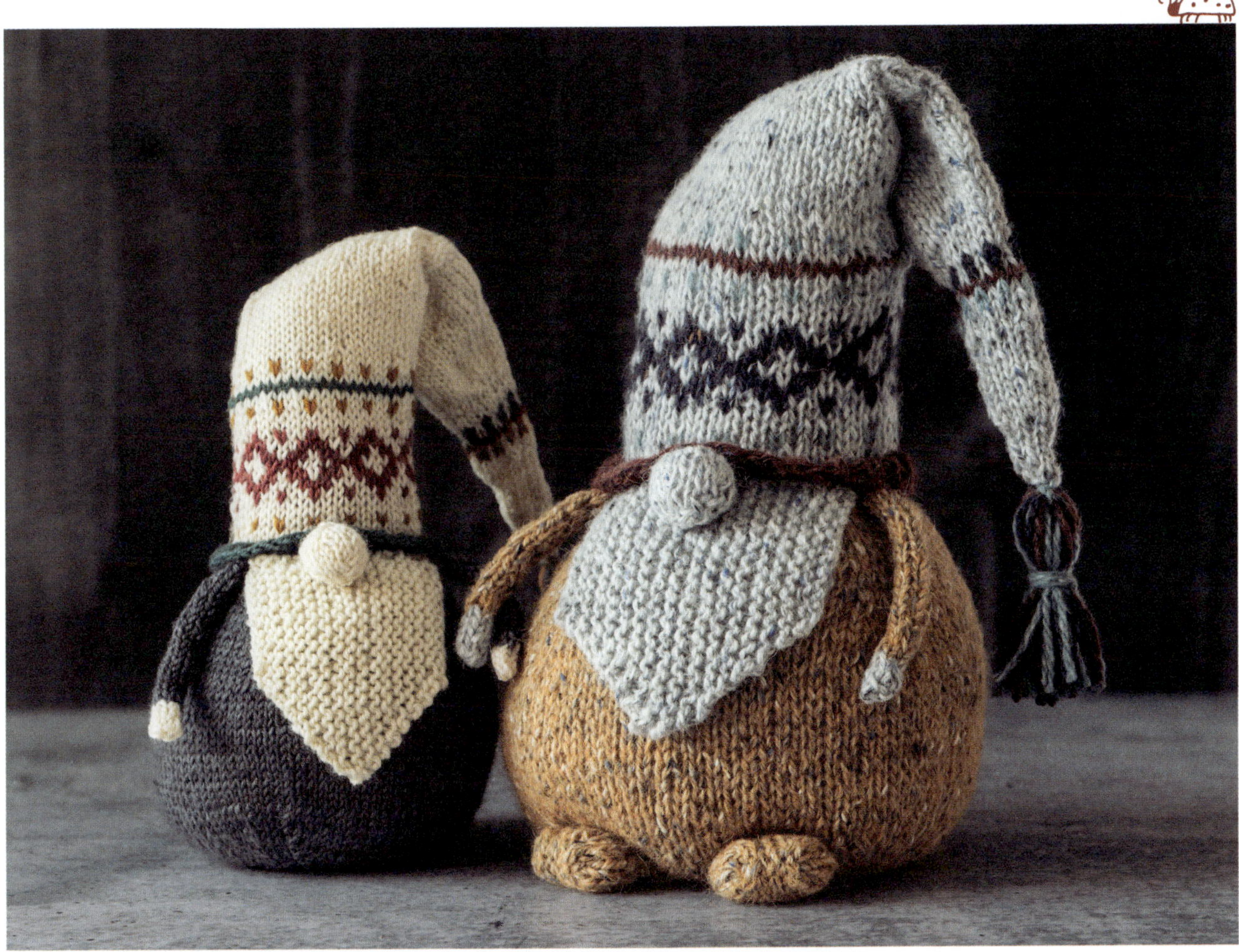

WAS DER WICHTEL SONST NOCH BRAUCHT

- 2 mittellange Arme (siehe Seite 20) mit den größeren Nadeln und Garn C und E.
- 1 kraus rechts gestrickter Bart (siehe Seite 22) mit den größeren Nadeln und Garn C.
- 1 große Nase (siehe Seite 23) mit den größeren Nadeln und Garn C.
- 1 Quaste (siehe Seite 25), dafür sechs Umwicklungen mit Garn A, B, und D zusammen. Die Länge der fertigen Quaste beträgt 4 cm für die kleine Variante und 6,5 cm für die große Variante.

FERTIGSTELLEN

Das Mützenbündchen nach oben umschlagen. Den Bart auf Höhe der ersten Runde des Körpers annähen. Die Nase mittig auf dem Bart annähen. Die Arme auf Höhe der ersten Runde des Körpers rechts und links neben dem Bart annähen. Das Mützenbündchen wieder nach unten umschlagen. Die Quaste an die Mützenspitze nähen. Mit den Fingern gegen die Quaste schnipsen und lächeln.

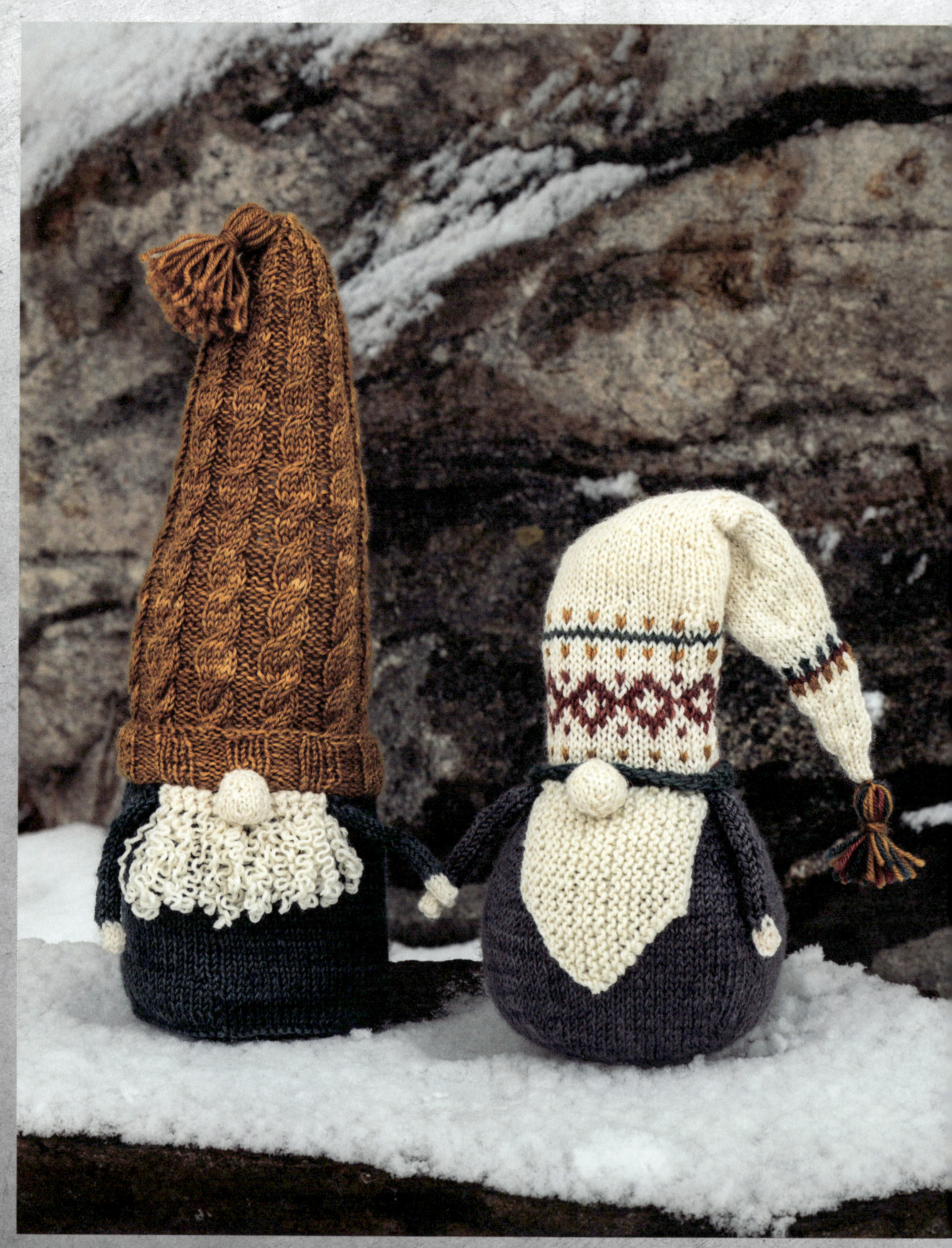

Wichtel lieben ordentliche Felsbrocken. Warum? Nun ja, dort droht kein Unheil, denn es sind ausgezeichnete Plätze, um sich niederzulassen. Von hier aus haben die Wichtel alles im Blick!

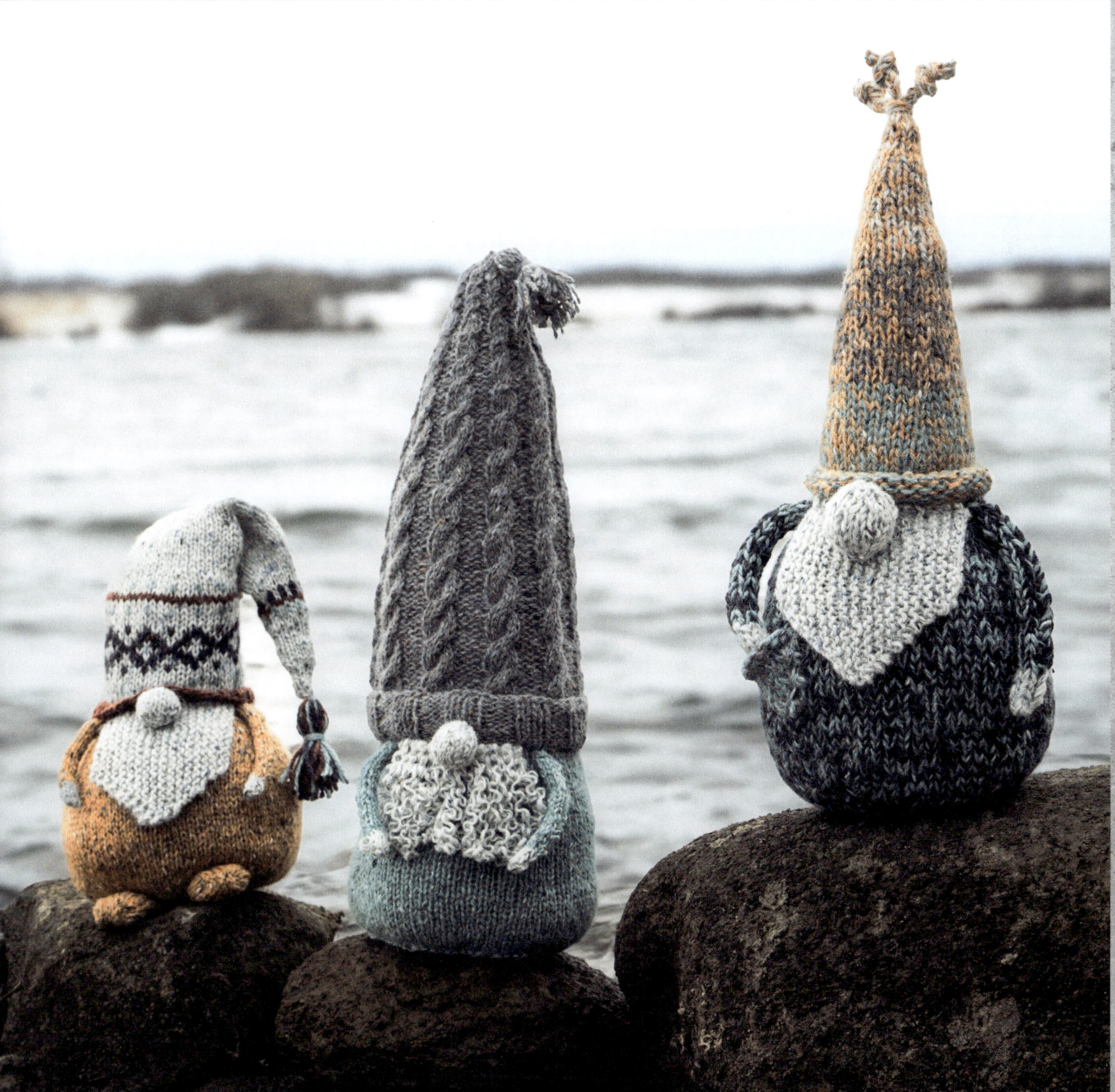

Waldfried

DER TASCHENBART-WICHTEL

Waldfried war lange einer der Gärtner der Alten Eiche, jetzt genießt er den neuen Lebensabschnitt als Mitglied des Bundes der Wunderwaldfreunde. Es dreht sich mehr um Statuten und weniger um geheimnisvolle Tränke als ihm lieb ist, aber er macht das Beste daraus. Immerhin hat er bei einem der Vereinstreffen den großartigen Tipp bekommen, Stiefmütterchenblätter bei Dämmerung zu sammeln, was seinem Zierkürbis-Wachstumstrank eine völlig neue Wirkung verliehen hat.

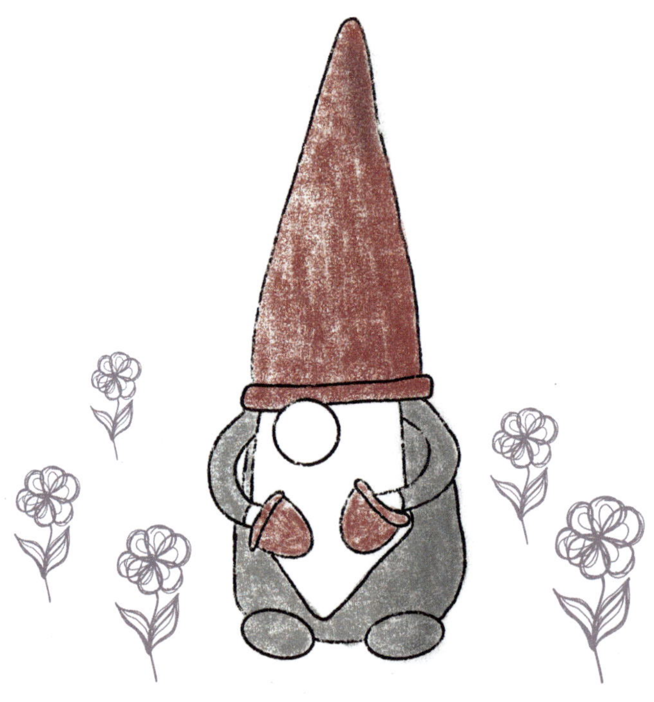

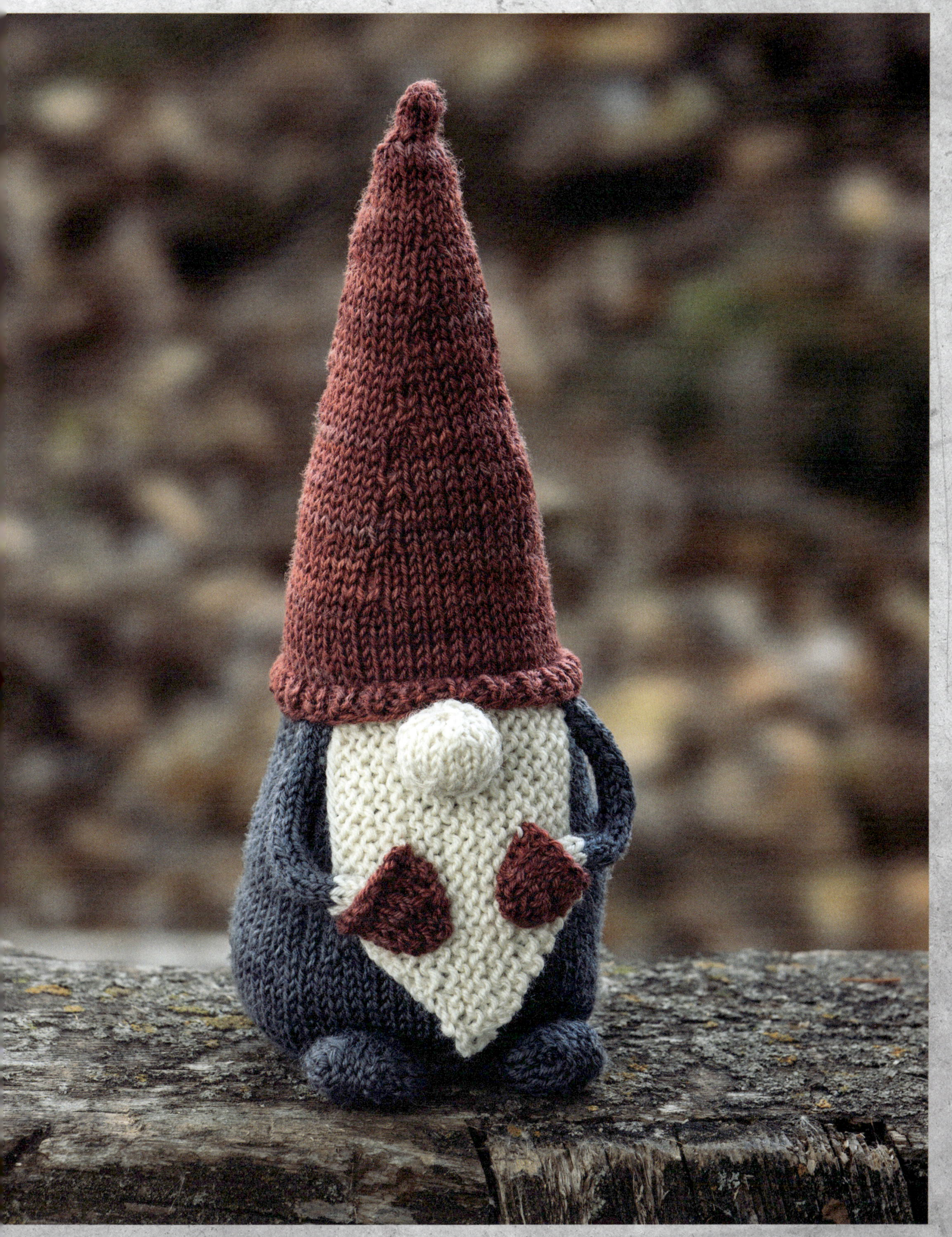

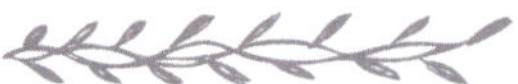

Größe

Klein: 20 cm
bei Verwendung des Originalgarns Miss Babs Katahdin 437

Groß: 26,5 cm
bei Verwendung des Originalgarns Rowan Felted Tweed

Maschenprobe

Miss Babs Katahdin 437:
32 M und 44 Runden glatt rechts in Runden auf den kleineren Nadeln gestrickt = 10 × 10 cm

Rowan Felted Tweed:
24 M und 36 Runden glatt rechts in Runden auf den kleineren Nadeln gestrickt = 10 × 10 cm

Garn und Farbe

Klein, Miss Babs Katahdin 437
GARN A: Rot (Corset)
GARN B: Schiefergrau (Carina)
GARN C: Creme (Naked)

Groß, Rowan Felted Tweed
GARN A: Tweed in Minzgrün (209 Eden)
GARN B: Tweed in Rot (196 Barn Red)
GARN C: Tweed in Hellgrau (197 Alabaster)

Nadeln

Für Miss Babs Katahdin 437 oder ein Ersatzgarn:
2,25 mm und 2,5 mm

Für Rowan Felted Tweed oder ein Ersatzgarn:
3,25 mm und 3,5 mm

Anleitung

DIE MÜTZE

Mit Garn A und den kleineren Nadeln 48 M anschlagen. Die M gleichmäßig auf Nadeln verteilen und zur Runde schließen. RdAnf mit MM kennzeichnen.

Runde 1–4: (1 M re, 1 M li) fortlaufend wdh – 4 Runden.

Offenen MM auf der li S in erste M von Runde 4 setzen, um den Anfangspunkt zum Auffassen der Maschen für den Körper zu kennzeichnen.

Runde 5–11: alle M re str – 7 Runden.

Runde 12: (12 M re, MM setzen) dreimal, 12 M re.

> HINWEIS: In den folgenden Runden dient der MM am RdAnf als Orientierungspunkt für die Formgebung (Stricken der Zu- und Abnahmen).

Runde 13: (M re str bis zur vorletzten M vor MM, 2 M re zusstr, MM abh) viermal – 4 Abn (44 M).

Runde 14–17: alle M re str.

Runde 18–62: Runde 13–17 neunmal wdh – 45 Runden (8 M).

Runde 63: MM während des Strickens entf, (2 M re zusstr) viermal – 4 Abn (4 M).

Den Faden abschneiden. Das Fadenende auf eine Wollnadel fädeln, durch die Maschen führen und zusammenziehen. Die Fadenenden vernähen.

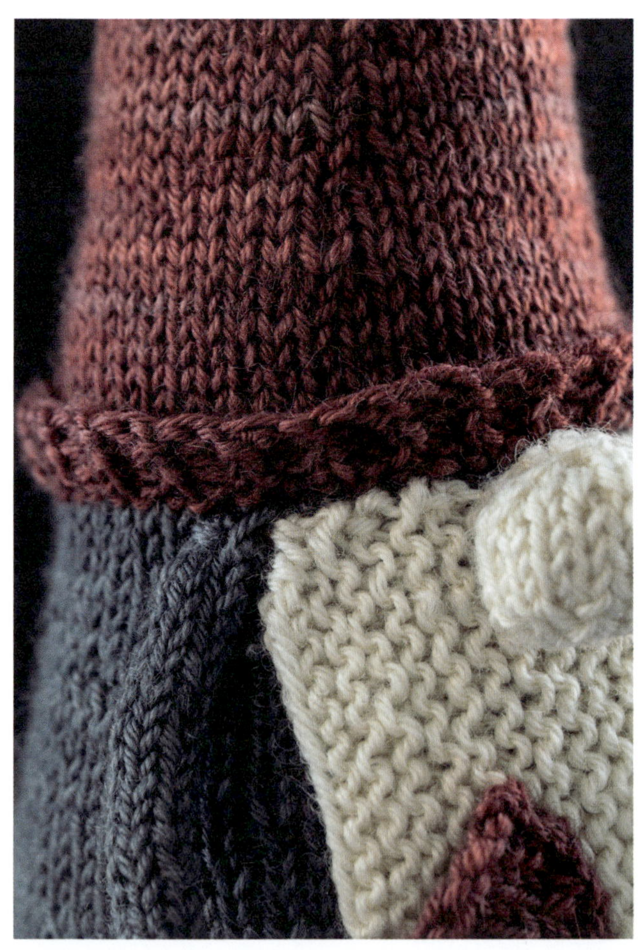

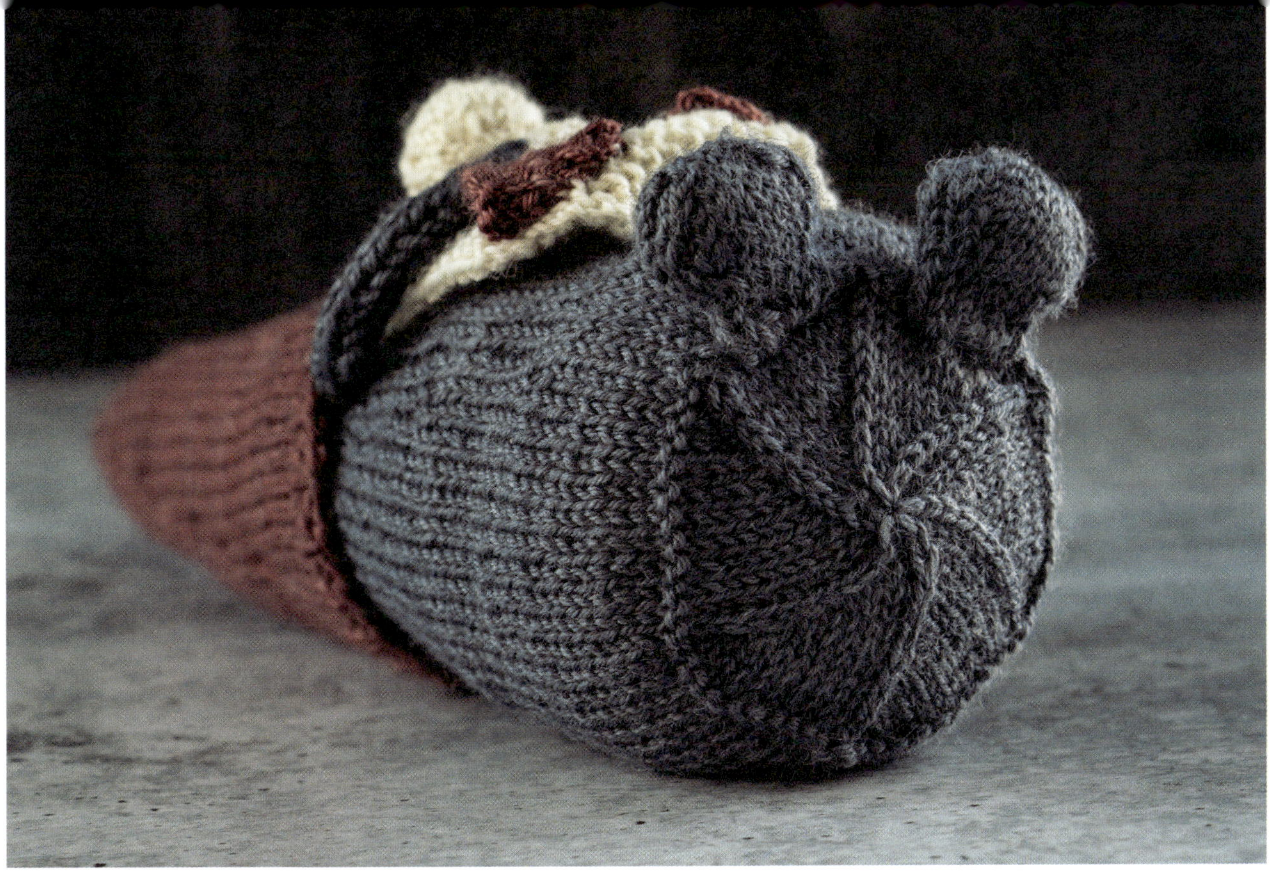

DER KÖRPER

Das Mützenbündchen und etwa ein Drittel der Mütze umschlagen. Mit den kleineren Nadeln auf der li S der Mütze je 1 M pro M der ersten Runde oberhalb des Rippenmusters auffassen, mit der M links neben dem offenen MM beginnen (48 M). MM entf.

Zur Runde schließen. Garn B aufnehmen und RdAnf mit MM kennzeichnen.

Runde 1–5: alle M re str – 5 Runden.

Runde 6: (16 M re, MM setzen) zweimal, 16 M re.

> HINWEIS: In den folgenden Runden dient der MM am RdAnf als Orientierungspunkt für die Formgebung (Stricken der Zu- und Abnahmen).

Runde 7: (2 M re, li gen Zun, M re str bis zur vorletzten M vor MM, re gen Zun, 2 M re, MM abh) dreimal – 6 Zun (54 M).

Runde 8–16: alle M re str – 9 Runden.

Runde 17–36: Runde 7–16 zweimal wdh – 20 Runden (66 M).

Das Fadenende vom Körperanfang vernähen.

Runde 37: alle M li str.

Runde 38: 11 M re, MM setzen, (11 M re, MM abh, 11 M re, MM setzen) zweimal, 11 M re – insgesamt 6 MM eingesetzt.

Abnahmerunde: (M re str bis zur vorletzten M vor MM, 2 M re zusstr, MM abh) sechsmal – 6 Ab (60 M).

Abnahmerunde viermal wdh, sodass jeder Abschnitt noch aus 6 M besteht (36 M insgesamt).

Mütze und zwei Drittel des Körpers mit weicher Füllung ausstopfen.

Abnahmerunde zweimal wdh, sodass jeder Abschnitt noch aus 4 M besteht (24 M insgesamt).

Den Körper bis zur Krausrippe mit Füllung zum Beschweren ausstopfen. Mit einer dünnen Schicht weicher Füllung bedecken, sodass die Kügelchen, Bohnen oder anderen Kleinteile, die Sie zum Beschweren verwenden, beim Stricken der letzten Runden nicht herausfallen.

Abnahmerunde dreimal wdh, sodass insgesamt nur noch 6 M übrig sind, dabei MM entf.

Den Faden abschneiden. Das Fadenende auf eine Wollnadel fädeln, durch die verbleibenden Maschen führen und zusammenziehen. Das Fadenende vernähen.

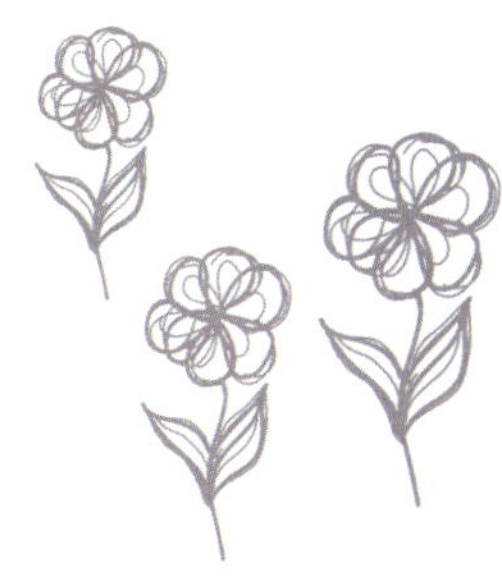

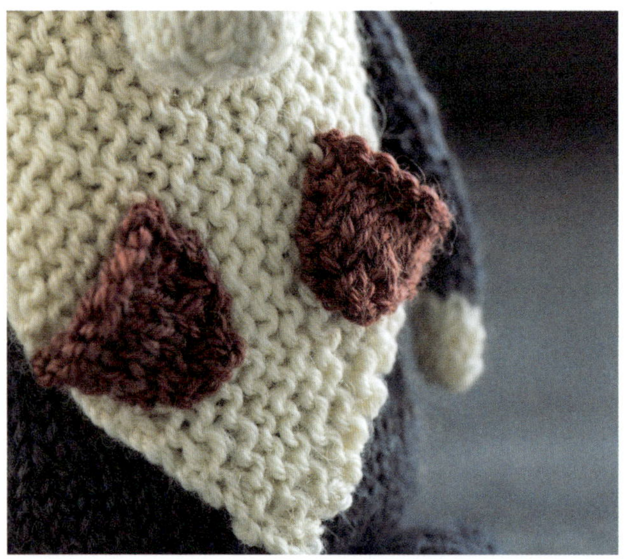

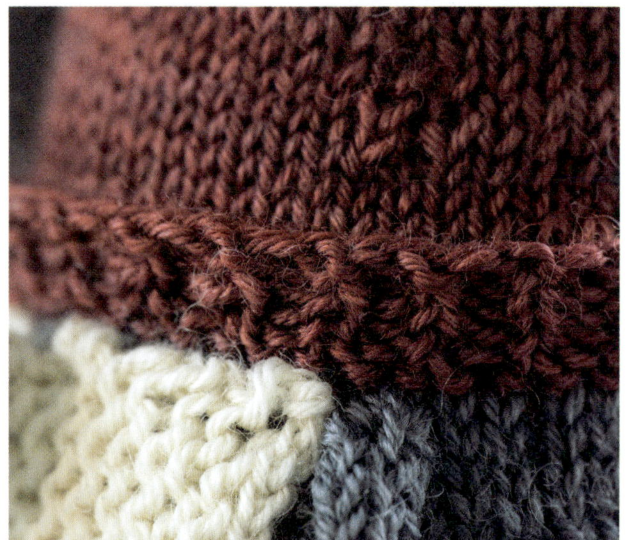

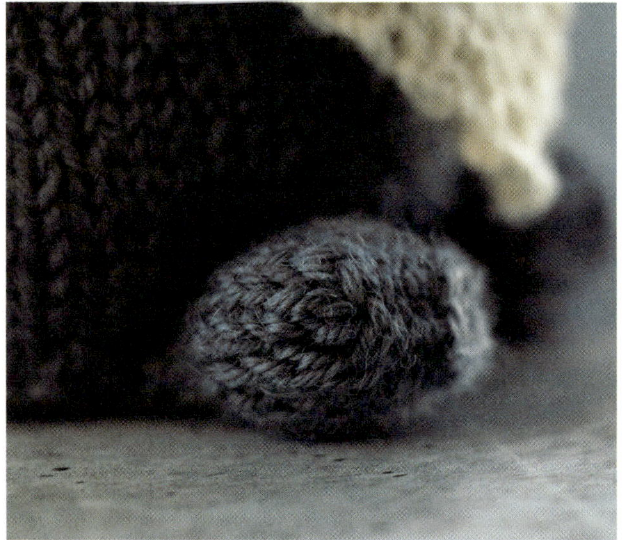

WAS DER WICHTEL SONST NOCH BRAUCHT

- 2 mittellange Arme (siehe Seite 20) mit den größeren Nadeln und Garn C und B.
- 1 kraus rechts gestrickter Bart (siehe Seite 22) mit den größeren Nadeln und Garn C.
- 1 große Nase (siehe Seite 23) mit den größeren Nadeln und Garn C.
- 2 Taschen (siehe Seite 24) mit den größeren Nadeln und Garn A.
- 2 Füße (siehe Seite 21) mit den größeren Nadeln und Garn B.

FERTIGSTELLEN

Die Taschen wie im Bild gezeigt auf den Bart nähen: Die äußere Ecke an der Außenkante des Barts anlegen und die innere Ecke schräg darüber befestigen, 3 M weiter oben.

Das Mützenbündchen nach oben umschlagen. Den Bart auf Höhe der ersten Runde des Körpers annähen.

Die Nase mittig auf dem Bart annähen. Die Arme auf Höhe der ersten Runde des Körpers rechts und links neben dem Bart annähen. Das Mützenbündchen wieder nach unten umschlagen.

Die Füße mit Überwendlingsstichen an der Unterseite des Körpers befestigen, zwei Runden hinter der Kante aus linken Maschen annähen. So platzieren, dass die Fußmitte jeweils unter einer der Außenkanten des Barts zentriert ist.

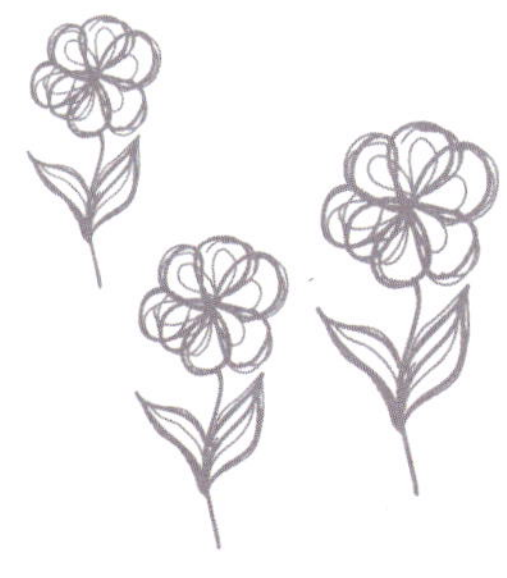

Was verwahrt man in einer Tasche? Das ist natürlich eine Frage des persönlichen Geschmacks, doch seit Taschen der letzte Schrei sind im Wunderwald, haben sich einige Wichtel im Taschen-Klub zusammengefunden. Welche Giftpilze halten sich gut? Wie hält man am besten Ordnung in einer Tasche? Sollte die Taschenfarbe mit der Saison wechseln? Sie diskutieren auch die Vorzüge einer Tasche – „modisch!“, „schick!“ – im Gegensatz zu zwei Taschen – „kostensparend“, „mehr Stauraum“.

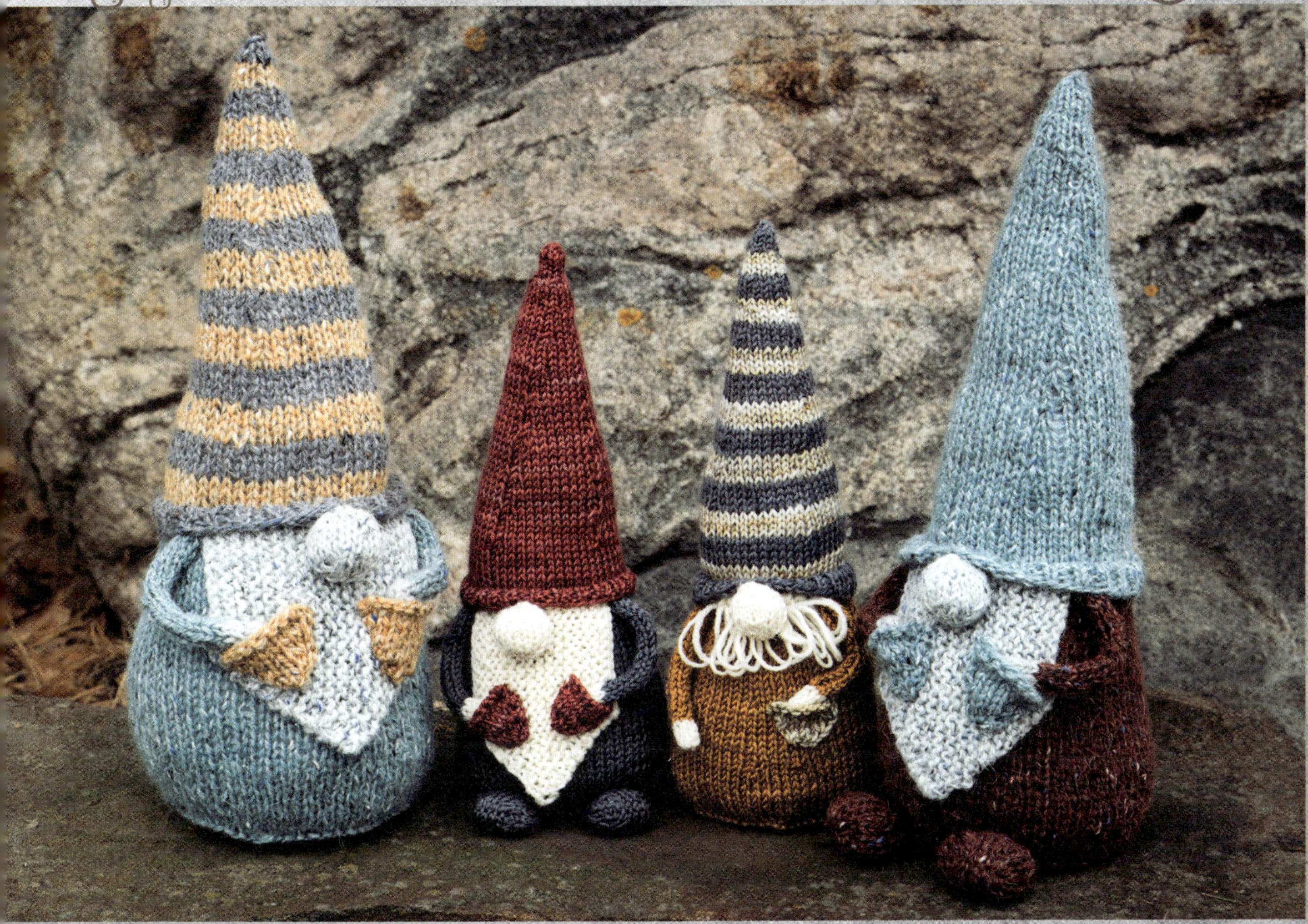

OBEN, VON LINKS NACH RECHTS: Waldfried, hier eine Abwandlung der großen Variante aus dem Garn Rowan Felted Tweed mit Streifen à vier Runden, daneben eine kleine Variante aus dem Garn Miss Babs Katahdin 437. Waldegund, die kleine Variante (Seite 28) mit abgewandeltem Hut mit Streifen à vier Runden, fransigem Bart und Tasche, daneben die große Variante von Waldfried aus dem Garn Rowan Felted Tweed.

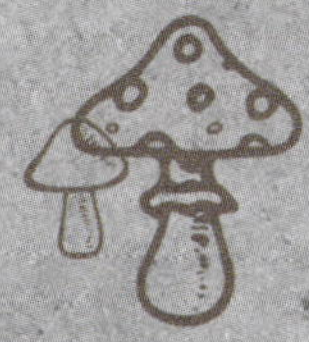

Waldo
DER RINGEL-WICHTEL

Waldo tritt an den Wochenenden ehrenamtlich mit seiner Zaubershow im Krankenhaus auf. Dort ging man zunächst davon aus, dass er nur auf der Kinderstation auftreten würde, doch er überzeugte schon bald die Verantwortlichen davon, dass etwas Magie und ein wenig Spaß allen Patienten guttun.

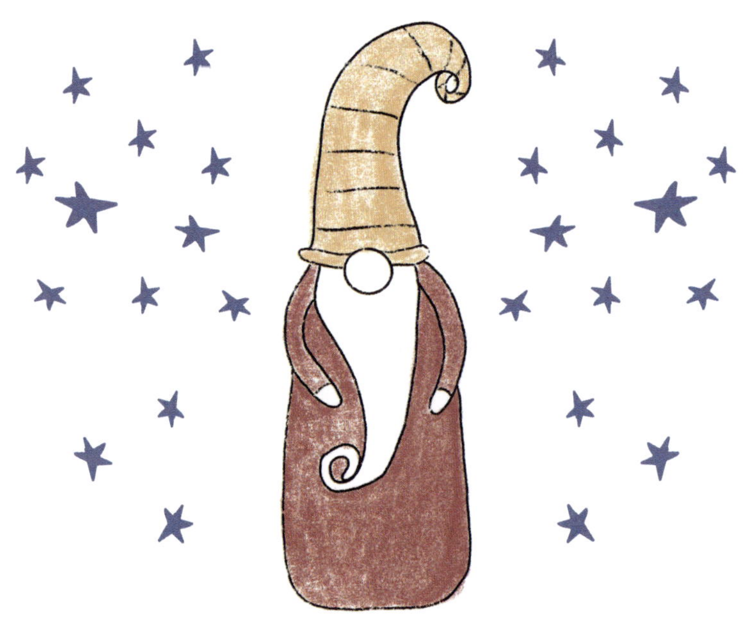

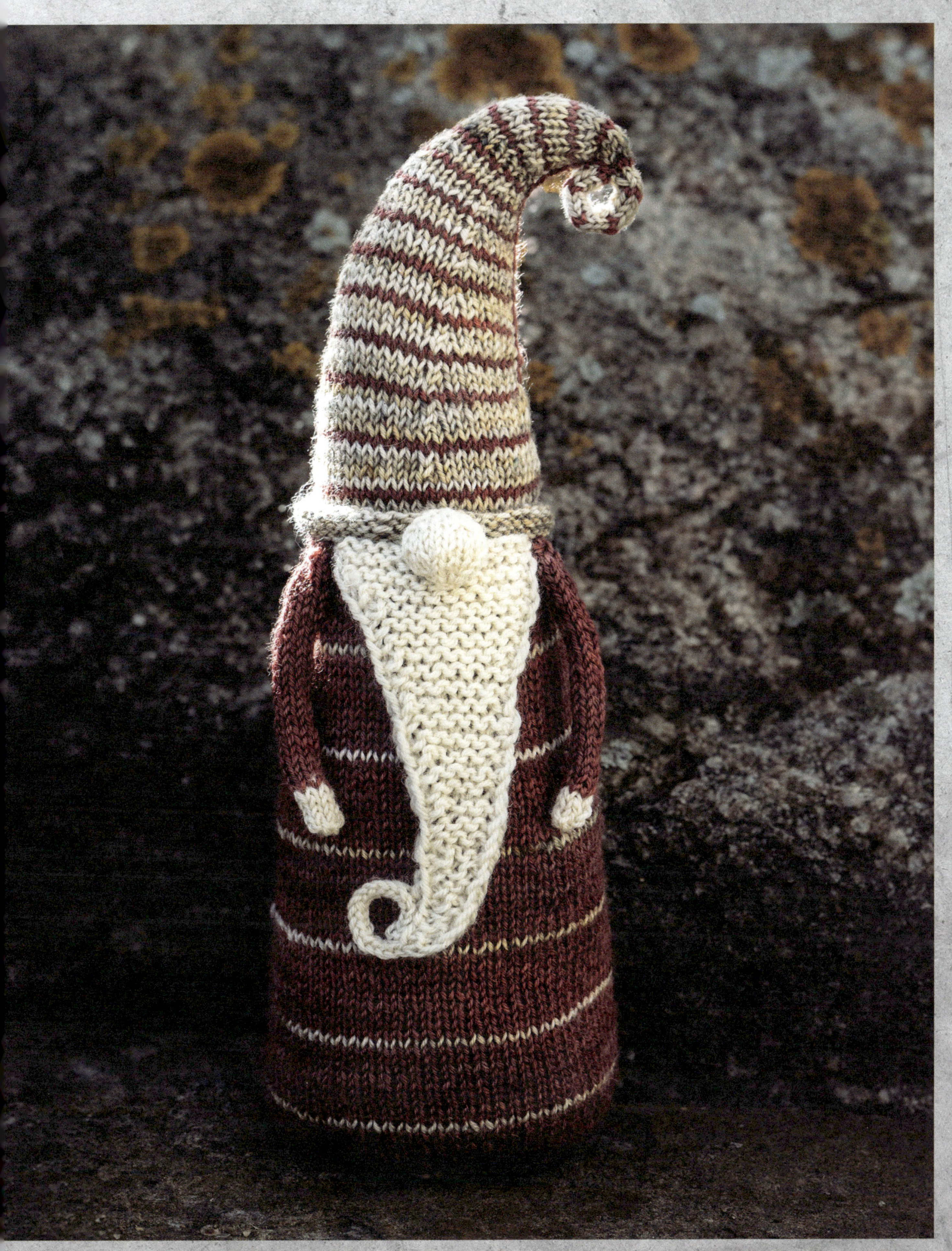

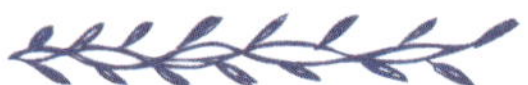

Größe

Klein: 25,5 cm
bei Verwendung des Originalgarns Miss Babs Katahdin 437

Groß: 34,5 cm
bei Verwendung des Originalgarns Rowan Felted Tweed

Maschenprobe

Miss Babs Katahdin 437:
32 M und 44 Runden glatt rechts in Runden auf den kleineren Nadeln gestrickt = 10 × 10 cm

Rowan Felted Tweed:
24 M und 36 Runden glatt rechts in Runden auf den kleineren Nadeln gestrickt = 10 × 10 cm

Garn und Farbe

Klein, Miss Babs Katahdin 437
GARN A: helles, meliertes Gold (Gold Rush)
GARN B: Rot (Corset)
GARN C: Creme (Naked)

Groß, Rowan Felted Tweed
GARN A: Tweed in Senfgelb (193 Cumin)
GARN B: Tweed in Dunkelblau (170 Seafarer)
GARN C: Tweed in Hellgrau (197 Alabaster)

Nadeln

Für Miss Babs Katahdin 437 oder ein Ersatzgarn:
2,25 mm und 2,5 mm

Für Rowan Felted Tweed oder ein Ersatzgarn:
3,25 mm und 3,5 mm

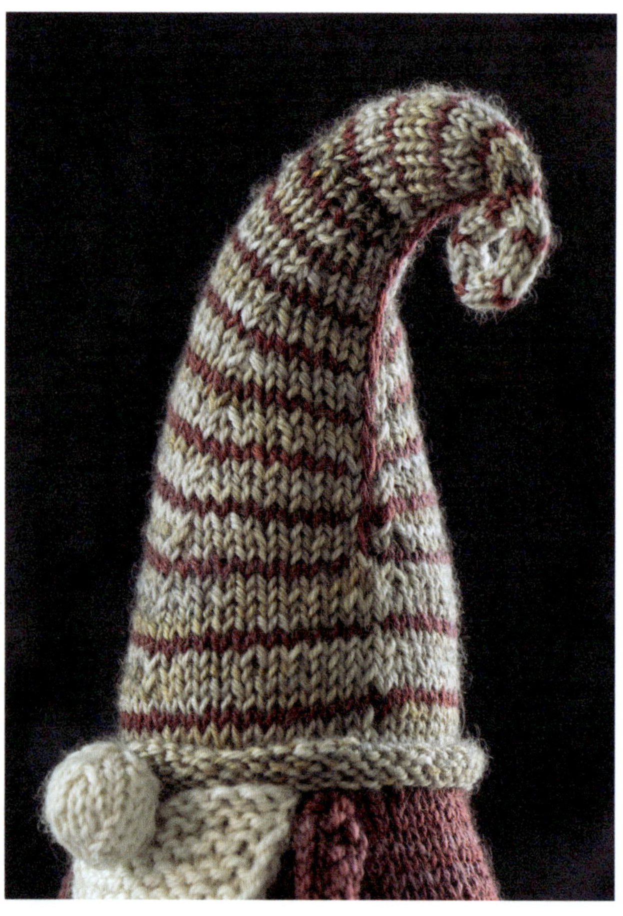

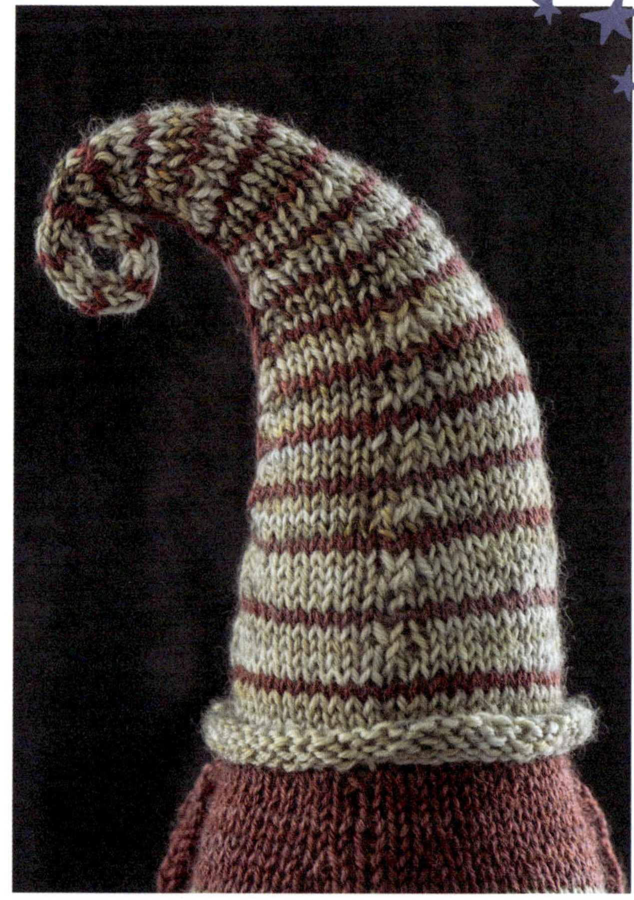

Anleitung

DIE MÜTZE

Mit Garn A und den kleineren Nadeln 48 M anschlagen. Die M gleichmäßig auf Nadeln verteilen und zur Runde schließen. RdAnf mit MM kennzeichnen.

Runde 1–5: alle M re str – 5 Runden.

Runde 6: 35 M re, offenen MM auf li S der ersten M auf der linken Nadel setzen, um den Anfangspunkt zum Auffassen der Maschen für den Körper zu kennzeichnen, M re str bis RdEnde.

Runde 7: (12 M re, li gen Zun, MM setzen) dreimal, 12 M, li gen Zun – 4 Zun (52 M).

HINWEIS: In den folgenden Runden dient der MM am RdAnf als Orientierungspunkt für die Formgebung (Stricken der Zu- und Abnahmen).

Runde 8: alle M re str.

Garn B aufnehmen.

Runde 9: mit Garn B alle M re str.

Runde 10–12: mit Garn A alle M re str – 3 Runden.

Runde 13: mit Garn A (M re str bis zur vorletzten M vor MM, 2 M re zusstr, MM abh) viermal – 4 Abn (48 M).

Runde 14–18: Runde 9–13 einmal wdh – 5 Runden (44 M).

Runde 19: mit Garn B alle M re str.

Runde 20 und 21: mit Garn A 1 M abh FhA, M re str bis RdEnde – 2 Runden.

Runde 22: mit Garn A 1 M abh FhA, (M re str bis zur vorletzten M vor MM, 2 M re zusstr, MM abh) viermal – 4 Abn (40 M).

Runde 23–42: Runde 19–22 fünfmal wdh – 20 Runden (20 M).

Runde 43: mit Garn B alle M re str.

Runde 44–46: mit Garn A 1 M abh FhA, M re str bis RdEnde – 3 Runden.

Runde 47: mit Garn B alle M re str.

Runde 48 und 49: mit Garn A 1 M abh FhA, M re str bis RdEnde – 2 Runden.

Runde 50: mit Garn A 1 M abh FhA, (M re str bis zur vorletzten M vor MM, 2 M re zusstr, MM abh) viermal – 4 Abn (16 M).

Runde 51–66: Runde 43–50 zweimal wdh – 16 Runden (8 M).

Runde 67: mit Garn B alle M re str, MM während des Strickens entf.

Runde 68–70: mit Garn A 1 M abh FhA, M re str bis RdEnde – 3 Runden.

Runde 71: mit Garn B li gen Abn-abgw, (2 M re zusstr) dreimal – 4 Abn (4 M).

Eine der M mit offenem MM markieren. Alle M auf eine Nadel heben.

TIPP Beim Stricken einer gestreiften Strickschnur darauf achten, dass Sie den Arbeitsfaden hinter dem ungenutzten Faden entlangführen.

Runde 72–74: mit Garn A Strickschnur str – 3 Runden.

Runde 75: mit Garn B Strickschnur str.

Runde 76–91: Runde 72–75 viermal wdh – 16 Runden.

Runde 92–95 (nur für die große Variante): Runde 72–75 einmal wdh – 4 Runden.

Den Faden abschneiden, dabei 15 cm lange Fadenenden übrig lassen. Das Fadenende von Garn B auf eine Wollnadel fädeln und diese von rechts nach links durch die M auf der Nadel führen. Garn A in die Strickschnur stecken und den Überschuss abschneiden. Mit dem Fadenende von Garn B die Mützenspitze so annähen, wie auf der linken Seite zu sehen. Dafür das Ende der Schnur an die Runde nähen, in der zu Beginn der Strickschnur der MM gesetzt wurde. Diesen MM entf, aber den in Runde 6 noch drin lassen. Die Fadenenden vernähen, dabei bedenken, dass die Seite mit den glatt rechts gestrickten M die li S des Rollbündchens ist.

Anmerkung zum Muster

Die Streifen der Mütze liegen nah genug beieinander, um das Garn auf der Innenseite der Mütze hochzuführen, beim Körper ist das allerdings nicht der Fall. Verknoten Sie die Enden von Garn A, nachdem Sie 2 Runden mit Garn B für den Körper gestrickt haben, und schneiden Sie Fadenenden nicht zurück. Sie sind später einfach Teil der Füllung. Dieses Vorgehen ist sicher und praktisch.

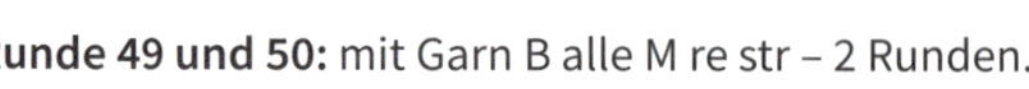

DER KÖRPER

Das Mützenbündchen und etwa ein Drittel der Mütze umschlagen. Mit den kleineren Nadeln und auf der li S der Mütze je 1 M pro M von Runde 6 auffassen, dafür mit der M links neben dem offenen MM beginnen (48 M). MM entf.

Zur Runde schließen. Garn B aufnehmen und RdAnf mit MM kennzeichnen.

Runde 1–7: mit Garn B alle M re str – 7 Runden.

Runde 8: mit Garn B (16 M re, MM setzen) zweimal, 16 M re.

HINWEIS: In den folgenden Runden dient der MM am RdAnf als Orientierungspunkt für die Formgebung (Stricken der Zu- und Abnahmen).

Runde 9: mit Garn B (2 M re, li gen Zun, M re str bis zur vorletzten M vor MM, re gen Zun, 2 M re, MM abh) dreimal – 6 Zun (54 M).

Runde 10: mit Garn B alle M re str.

Garn A aufnehmen.

Runde 11: mit Garn A alle M re str.

Garn A abschneiden.

Runde 12–18: mit Garn B alle M re str – 7 Runden.

Runde 19–48: Runde 9–18 dreimal wdh – 30 Runden (72 M).

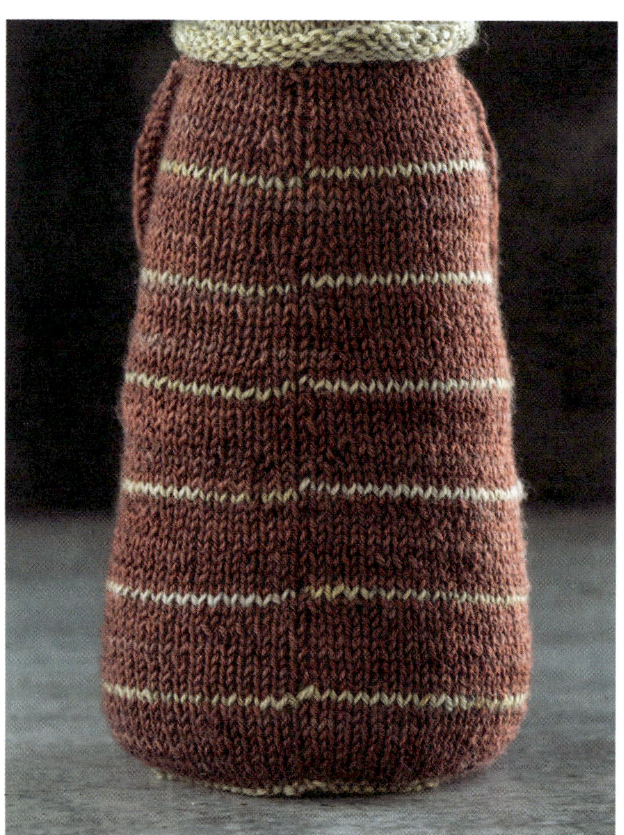

Runde 49 und 50: mit Garn B alle M re str – 2 Runden.

Garn A aufnehmen.

Runde 51: mit Garn A alle M re str.

Garn A abschneiden.

Runde 52–58: mit Garn B alle M re str – 7 Runden.

Runde 59–68: Runde 49–58 einmal wdh – 10 Runden.

Runde 69 und 70: mit Garn B alle M re str – 2 Runden.

Garn B abschneiden. Garn A aufnehmen und den restlichen Körper damit stricken.

Runde 71: alle M re str.

Runde 72: alle M li str.

Runde 73: (12 M re, MM setzen, 12 M re, MM abh) dreimal – insgesamt 6 MM eingesetzt.

Das Fadenende vom Körperanfang vernähen und den Wichtel durch Einweichen oder Dämpfen in Form bringen.

Die Mütze mit weicher Füllung ausstopfen.

Abnahmerunde: (M re str bis zur vorletzten M vor MM, 2 M re zusstr, MM abh) sechsmal – 6 Abn (66 M).

Abnahmerunde viermal wdh, sodass jeder Abschnitt noch aus 7 M besteht (42 M insgesamt).

Den Körper bis zum vorletzten Streifen aus Garn A mit weicher Füllung ausstopfen.

Abnahmerunde dreimal wdh, sodass jeder Abschnitt noch aus 4 M besteht (24 M insgesamt).

Den Körper bis zur Krausrippe mit Füllung zum Beschweren ausstopfen. Mit einer dünnen Schicht weicher Füllung bedecken, sodass die Kügelchen, Bohnen oder anderen Kleinteile, die Sie zum Beschweren verwenden, beim Stricken der letzten Runden nicht herausfallen.

Abnahmerunde dreimal wdh, sodass insgesamt nur noch 6 M übrig sind, dabei MM entf. Den Faden abschneiden. Das Fadenende auf eine Wollnadel fädeln, durch die verbleibenden Maschen führen und zusammenziehen. Das Fadenende vernähen (siehe hierzu auch Anmerkung auf Seite 71).

Anmerkung zum Muster

Waldo ist groß und schlank, überprüfen Sie vor dem Zunähen also sein Gleichgewicht, indem Sie ihn auf die Handfläche stellen und etwas hin und her wackeln. Falls nötig, etwas weiche Füllung entfernen und durch zusätzliche Füllung zum Beschweren ersetzen.

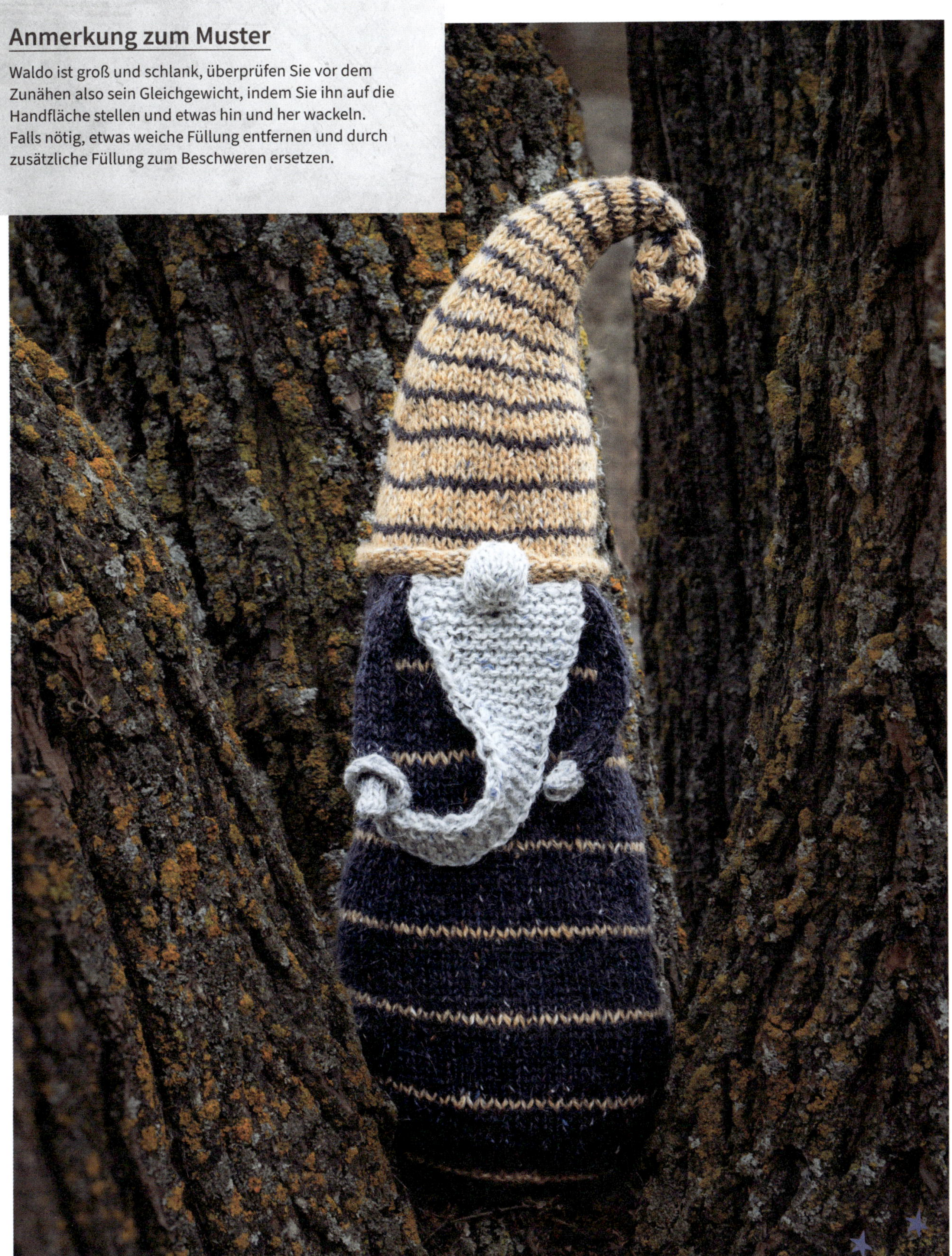

DER BART

Mit Garn C und auf den größeren Nadeln 15 M mit der Kreuzanschlagstechnik anschlagen, dabei ein 15 cm langes Fadenende zum Befestigen für später überstehen lassen.

Reihe 1–6: 1 M abh FhA, M re str bis zur letzten M, 1 M li – 6 Reihen.

Reihe 7 (re S): 1 M abh FhA, li gen Abn-abgw, M re str bis zur letzten M, 1 M li – 1 Abn (14 M).

Reihe 8 (li S): 1 M abh FhA, M re str bis zur letzten M, 1 M li.

Reihe 9–12: Reihe 7 und 8 zweimal wdh – 4 Reihen (12 M).

Reihe 13: 1 M abh FhA, li gen Abn-abgw, M re str bis zur dritten M vor Ende, 2 M re zusstr, 1 M li – 2 Abn (10 M).

Reihe 14–18: 1 M abh FhA, M re str bis zur letzten M, 1 M li – 5 Reihen.

Reihe 19–24: Reihe 13–18 einmal wdh – 6 Reihen (8 M).

Reihe 25: 1 M abh FhA, li gen Abn-abgw, M re str bis zur letzten M, 1 M li – 1 Abn (7 M).

Reihe 26–30: 1 M abh FhA, M re str bis zur letzten M, 1 M li – 5 Reihen.

Reihe 31–48: Reihe 25–30 dreimal wdh – 18 Reihen (4 M).

Reihe 49: li gen Abn-abgw, 2 M re zusstr und Arbeit nicht wenden – 2 Abn (2 M).

Reihe 50–65: Strickschnur str – 16 Reihen.

Den Faden abschneiden, das Fadenende auf eine Wollnadel fädeln und diese von rechts nach links durch die M führen.

Das Ende der Strickschnur an den Anfang der Strickschnur nähen, sodass sie sich nach links kringelt, also in die entgegengesetzte Richtung wie die Mütze. Den Kringel über die Höhe von etwa zwei Krausrippen seitlich am Bart festnähen Dieses Fadenende vernähen, das Ende vom Maschenanschlag für später überstehen lassen. Die Arbeit einweichen und zum Trocknen flach auslegen.

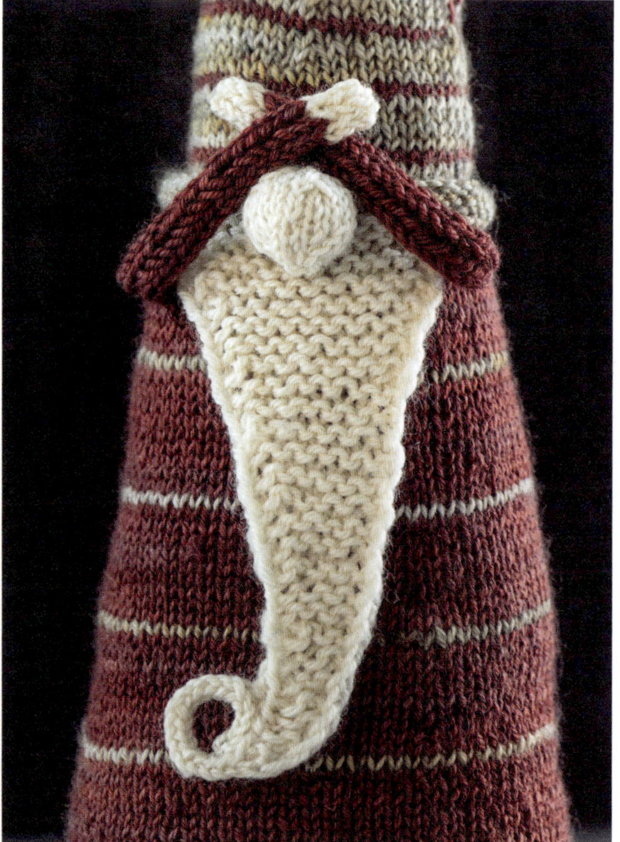

WAS DER WICHTEL SONST NOCH BRAUCHT

- 2 große Arme (siehe Seite 20) mit den größeren Nadeln und Garn C und B.
- 1 große Nase (siehe Seite 23) mit den größeren Nadeln und Garn C.

FERTIGSTELLEN

Bart auf Höhe der ersten Runde des Körpers annähen, dabei möglichst sauber arbeiten, da das Mützenbündchen hochgerollt ist und Waldo großen Wert auf einen fesch aussehenden Bart legt – er träumt davon in der Kategorie Armreif-Bart an der Bartweltmeisterschaft teilzunehmen, und wir finden, nach dem Foto von Seite 75 zu urteilen, hat er da allerbeste Chancen! Die Nase mittig auf dem Bart annähen. Die Arme auf Höhe der ersten Runde des Körpers rechts und links neben dem Bart annähen.

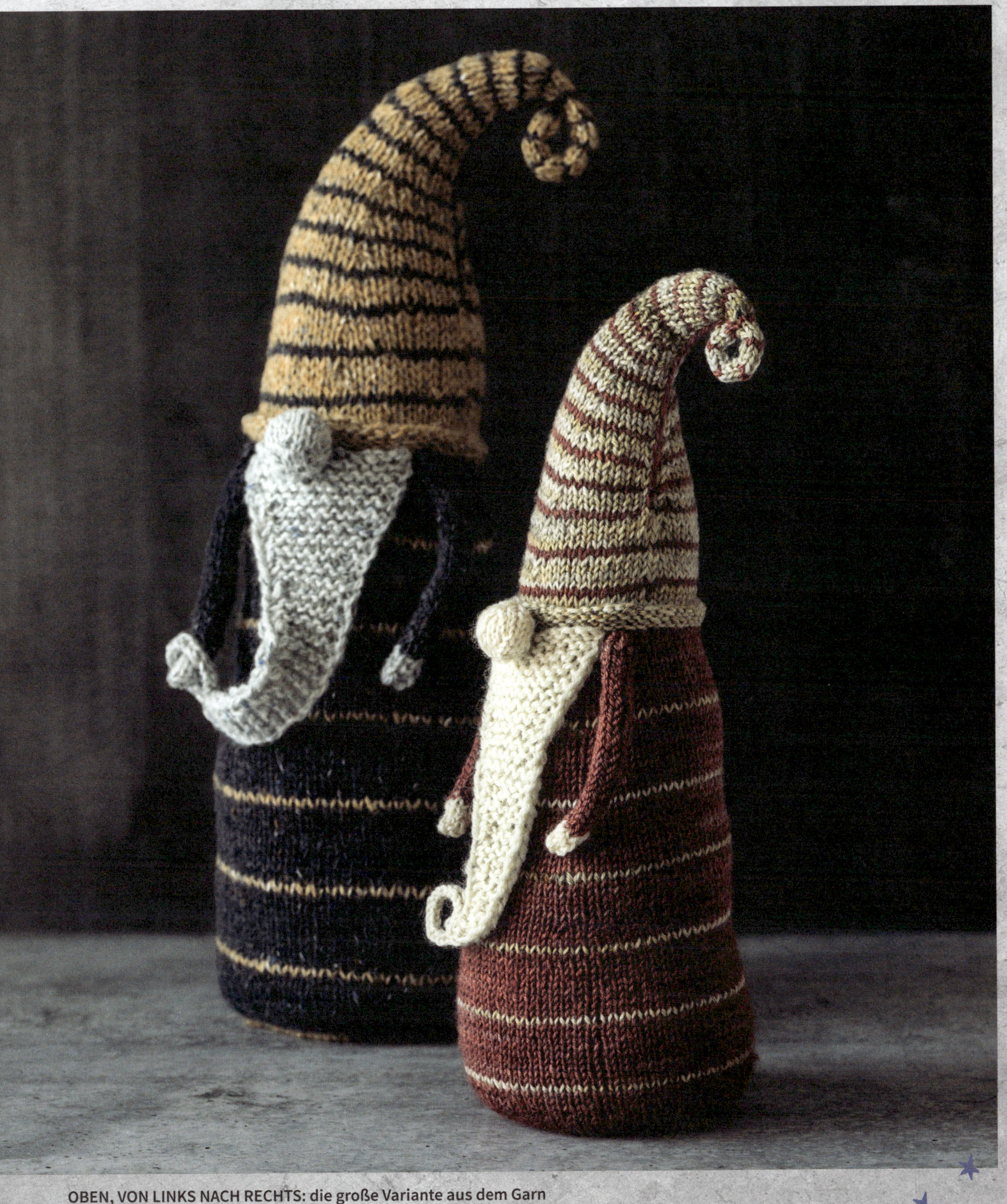

OBEN, VON LINKS NACH RECHTS: die große Variante aus dem Garn Rowan Felted Tweed, daneben die kleine Variante aus dem Garn Miss Babs Katahdin 437.

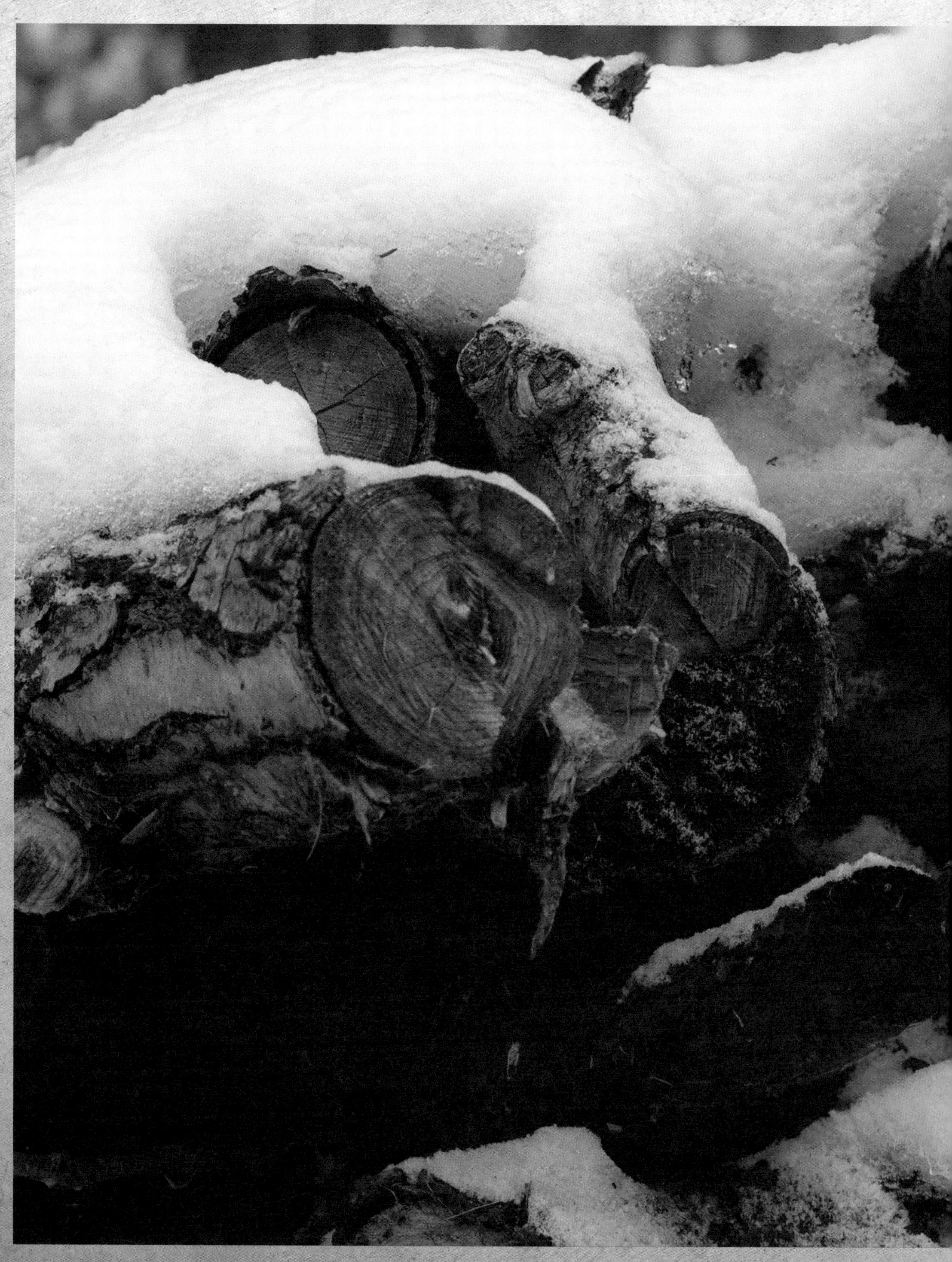

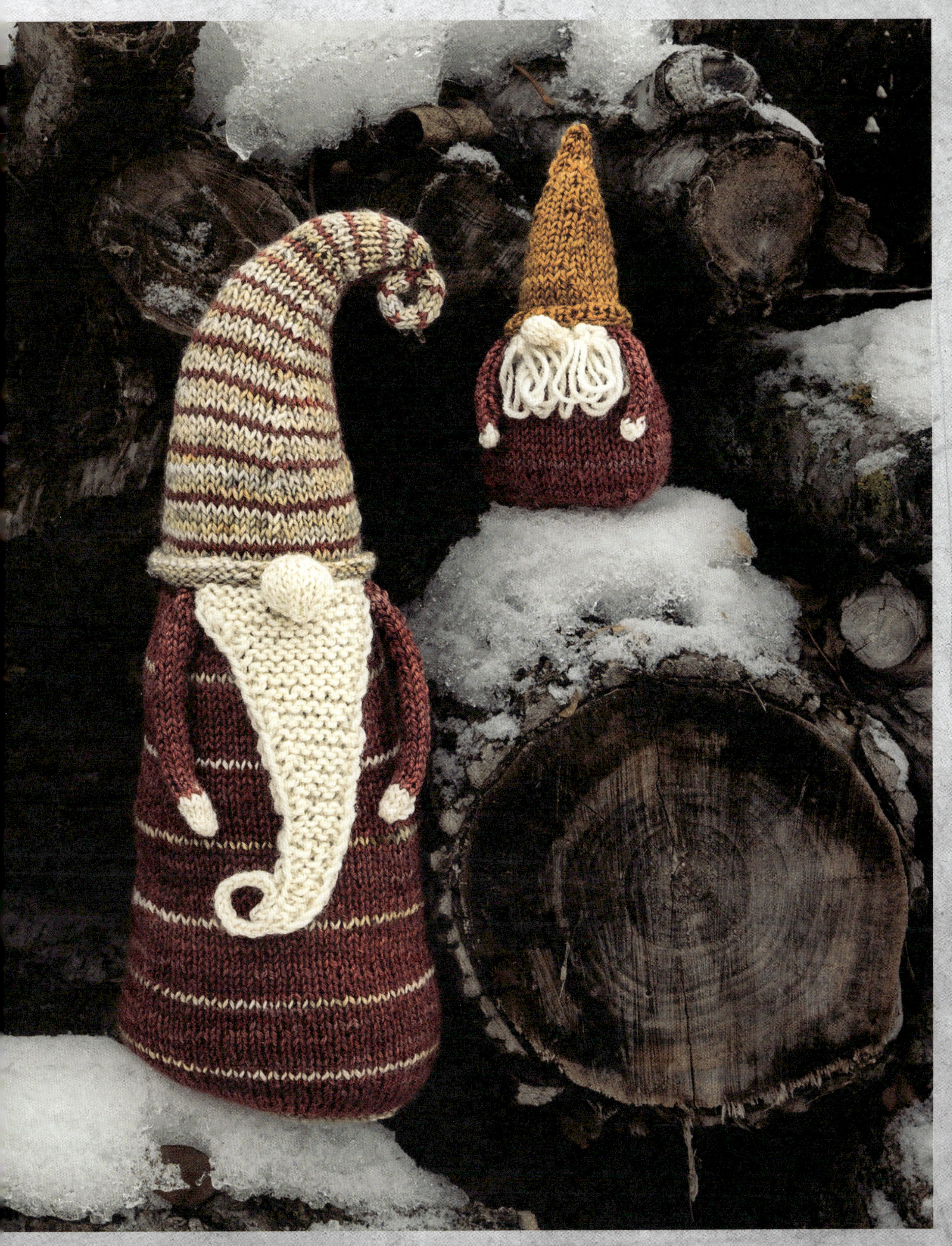

Waldrada
DER ZOPFMUSTER-WICHTEL

Waldrada trinkt morgens gerne Tee aus Holunderbeeren und Ysop. Abends, bevor sie in die Disco geht, bindet sie sich Federn in den Bart. In der Zeit dazwischen kartografiert sie Wurzelsysteme für den Bund der Wunderwaldfreunde.

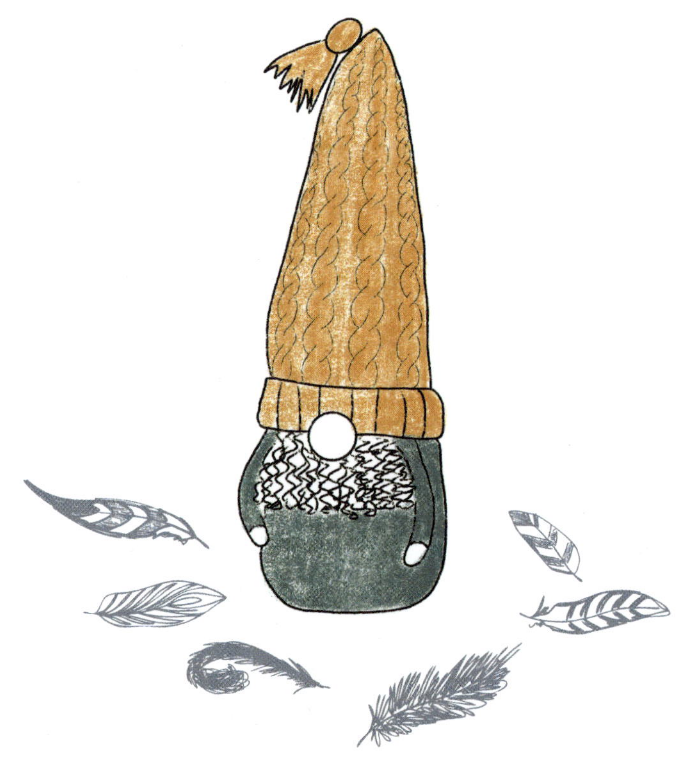

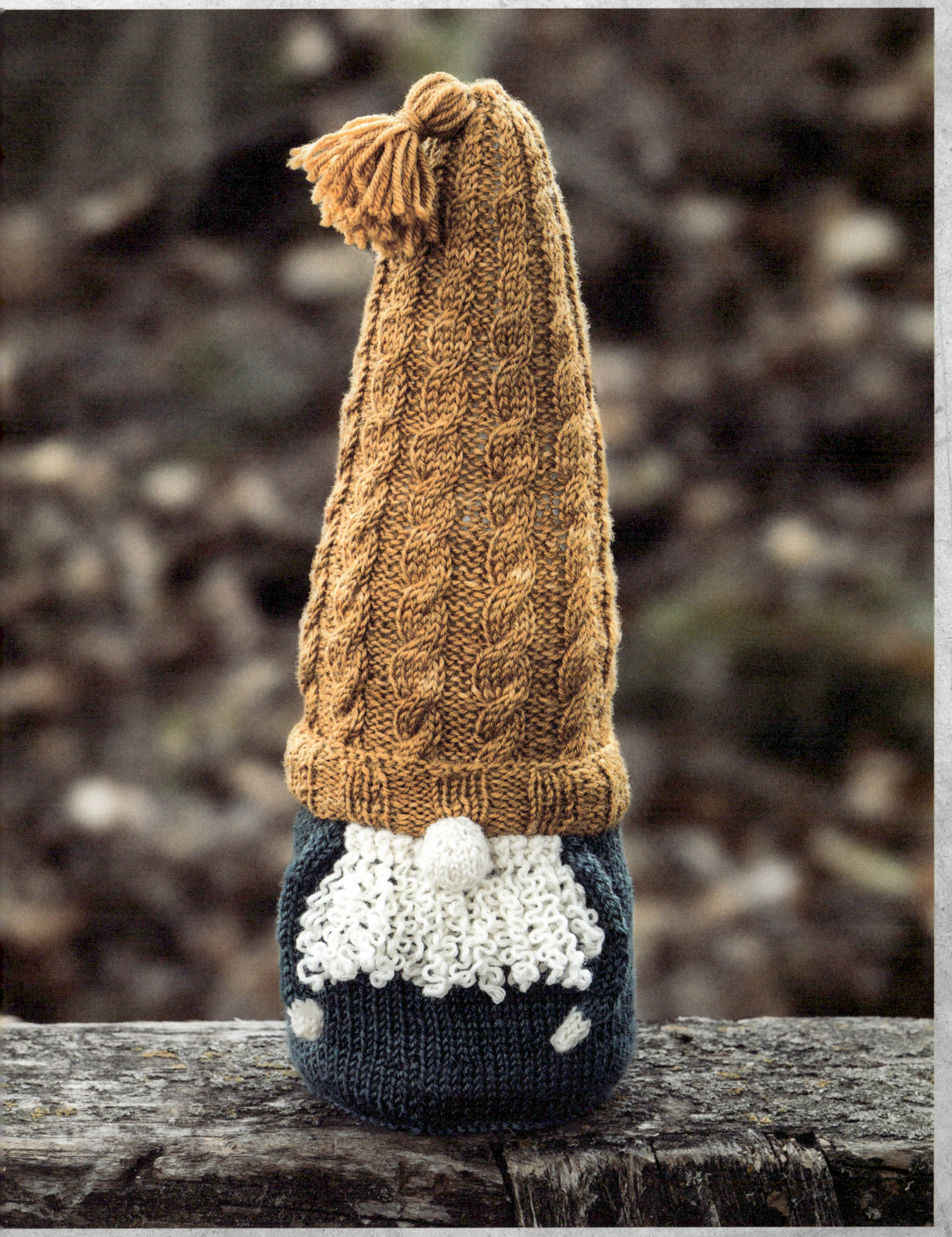

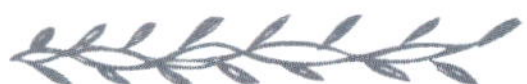

Größe

Klein: 28 cm
bei Verwendung des Originalgarns Miss Babs Katahdin 437

Groß: 35,5 cm

bei Verwendung des Originalgarns Rowan Felted Tweet

Maschenprobe

Miss Babs Katahdin 437:
32 M und 44 Runden glatt rechts in Runden auf den kleineren Nadeln gestrickt = 10 × 10 cm

Rowan Felted Tweed:
24 M und 36 Runden glatt rechts in Runden auf den kleineren Nadeln gestrickt = 10 × 10 cm

Garn und Farbe

Klein, Miss Babs Katahdin 437
GARN A: Gold (Old Gold)
GARN B: Türkis (Blackwatch)
GARN C: Creme (Naked)

Groß, Rowan Felted Tweed
GARN A: Tweed in Mittelgrau (191 Granite)
GARN B: Tweed in Minzgrün (209 Eden)
GARN C: Tweed in Hellgrau (197 Alabaster)

Nadeln

Für Miss Babs Katahdin 437 oder ein Ersatzgarn:
2,25 mm und 2,5 mm

Für Rowan Felted Tweed oder ein Ersatzgarn:
3,25 mm und 3,5 mm

Zopfnadel

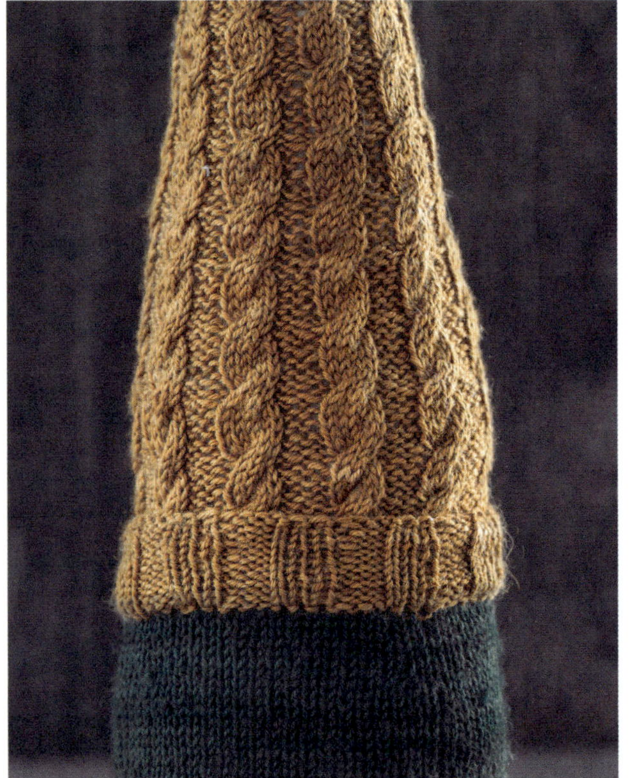

Anleitung

DIE MÜTZE

Mit Garn A und den kleineren Nadeln 60 M anschlagen. Die M gleichmäßig auf Nadeln verteilen und zur Runde schließen. RdAnf mit MM kennzeichnen.

Runde 1–10: (3 M re, 3 M li) fortlaufend wdh – 10 Runden.

Runde 11: alle M re str.

Offenen MM auf der li S in erste M von Runde 11 setzen, um den Anfangspunkt zum Auffassen der Maschen für den Körper zu kennzeichnen.

Runde 12–18: (3 M re, 3 M li) fortlaufend wdh – 7 Runden.

HINWEIS: Für die Runden 19–62 und 63–94 gibt es auf den Seite 81 und 82 zusätzlich zur Textanleitung die Anleitung in Strickschrift. Die waagrechten Zeilen zeigen entsprechend der Strickrichtung die Maschen von rechts nach links an, die senkrechten Spalten dem Arbeitsfortschritt entsprechend von unten nach oben die Runden. Muster 1 zeigt Runde 19–62 und Muster 2 zeigt Runde 63–94.

LEGENDE:

- M re str
- li gen Zun
- M li str
- li gen Abn-abgw
- 2 M li zusstr
- 3/2 re verz
- 3/3 re verz

MUSTER 1:

Muster 1 zehnmal pro Runde wiederholen.

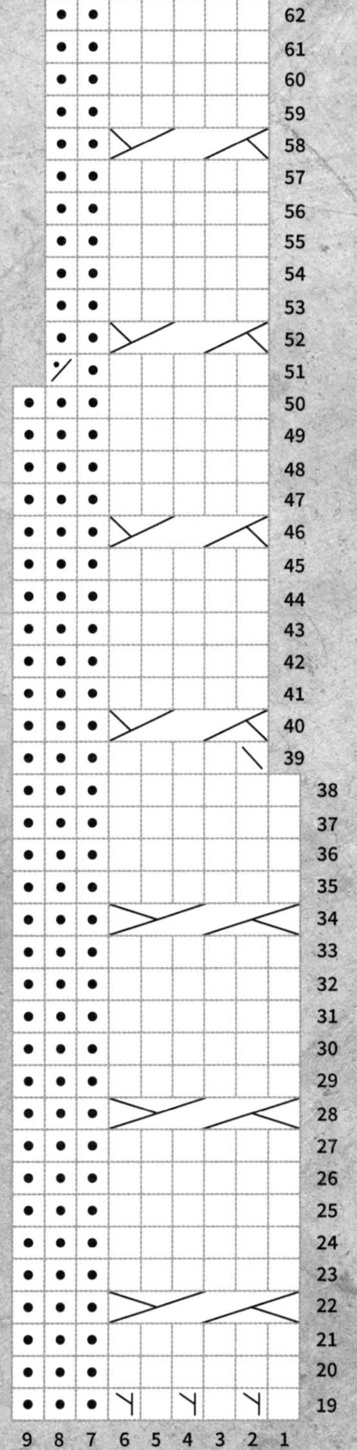

Hier beginnt das Muster 1:

Runde 19: ((1 M re, li gen Zun) dreimal, 3 M li) zehnmal – 30 Zun (90 M).

Runde 20 und 21: (6 M re, 3 M li) zehnmal – 2 Runden.

Runde 22: (3/3 re verz, 3 M li) zehnmal.

Runde 23–27: (6 M re, 3 M li) zehnmal – 5 Runden.

Runde 28: wie Runde 22

Runde 29–33: (6 M re, 3 M li) zehnmal – 5 Runden

Runde 34: wie Runde 22.

Runde 35–38: (6 M re, 3 M li) zehnmal – 4 Runden.

Runde 39: (li gen Abn-abgw, 4 M re, 3 M li) zehnmal – 10 Abn (80 M).

Runde 40: (3/2 re verz, 3 M li) zehnmal.

Runde 41–45: (5 M re, 3 M li) zehnmal – 5 Runden.

Runde 46: wie Runde 40.

Runde 47–50: (5 M re, 3 M li) zehnmal – 4 Runden.

Runde 51: (5 M re, 1 M li, 2 M li zusstr) zehnmal – 10 Abn (70 M).

Runde 52: (3/2 re verz, 2 M li) zehnmal.

Runde 53–57: (5 M re, 2 M li) zehnmal – 5 Runden.

Runde 58: wie Runde 52.

Runde 59–62: (5 M re, 2 M li) zehnmal – 4 Runden.

Hier beginnt das Muster 2:

Runde 63: (li gen Abn-abgw, 3 M re, 2 M li) zehnmal – 10 Abn (60 M).

Runde 64: (2/2 re verz, 2 M li) zehnmal.

Runde 65–69: (4 M re, 2 M li) zehnmal – 5 Runden.

Runde 70: wie Runde 64.

Runde 71–73: (4 M re, 2 M li) zehnmal – 3 Runden.

Runde 74: (li gen Abn-abgw, 2 M re, 2 M li) zehnmal – 10 Abn (50 M).

Runde 75: (2/1 re verz, 2 M li) zehnmal.

Runde 76–78: (3 M re, 2 M li) zehnmal – 3 Runden.

Runde 79: wie Runde 75

Runde 80–82: (3 M re, 2 M li) zehnmal – 3 Runden

Runde 83: (2/1 re verz, 2 M li zusstr) zehnmal – 10 Abn (40 M).

Runde 84 und 85: (3 M re, 1 M li) zehnmal – 2 Runden.

Runde 86: (li gen Abn-abgw, 1 M re, 1 M li) zehnmal – 10 Abn (30 M).

Runde 87: (1/1 re verz, 1 M li) zehnmal.

Runde 88 und 89: (2 M re, 1 M li) zehnmal – 2 Runden.

Runde 90: wie Runde 87

Runde 91 und 92: (2 M re, 1 M li) zehnmal – 2 Runden

Runde 93: (1/1 re verz, 1 M li) zehnmal.

Runde 94: (2 M re, 1 M li) zehnmal.

LEGENDE:

- M re str
- li gen Zun
- M li str
- li gen Abn-abgw
- 2 M li zusstr
- 1/1 re verz
- 2/1 re verz
- 2/2 re verz

MUSTER 2:

Muster 2 zehnmal pro Runde wiederholen.

Runde 95: (2 M re zusstr, 1 M li) neunmal, 2 M re zusstr – 10 Abn. Letzte M nicht str. Neuer RdAnf (20 M).

Runde 96: (2 M re zusstr) zehnmal – 10 Abn (10 M).

Runde 97 und 98: alle M re str – 2 Runden.

Runde 99: (2 M re zusstr) fünfmal – 5 Abn (5 M).

Den Faden abschneiden. Das Garn auf eine Wollnadel fädeln und durch die verbleibenden Maschen führen. Die Fadenenden vernähen.

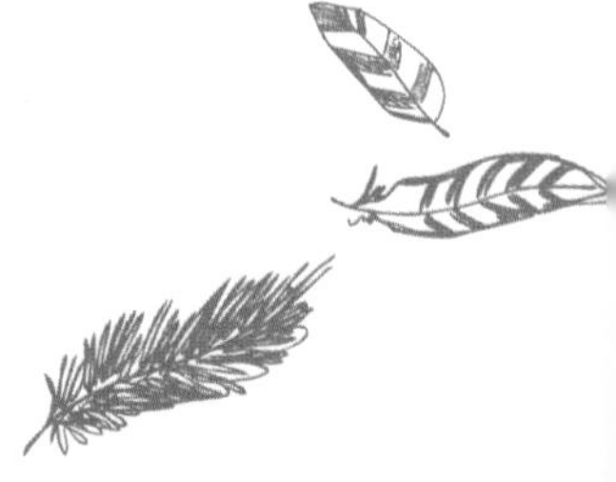

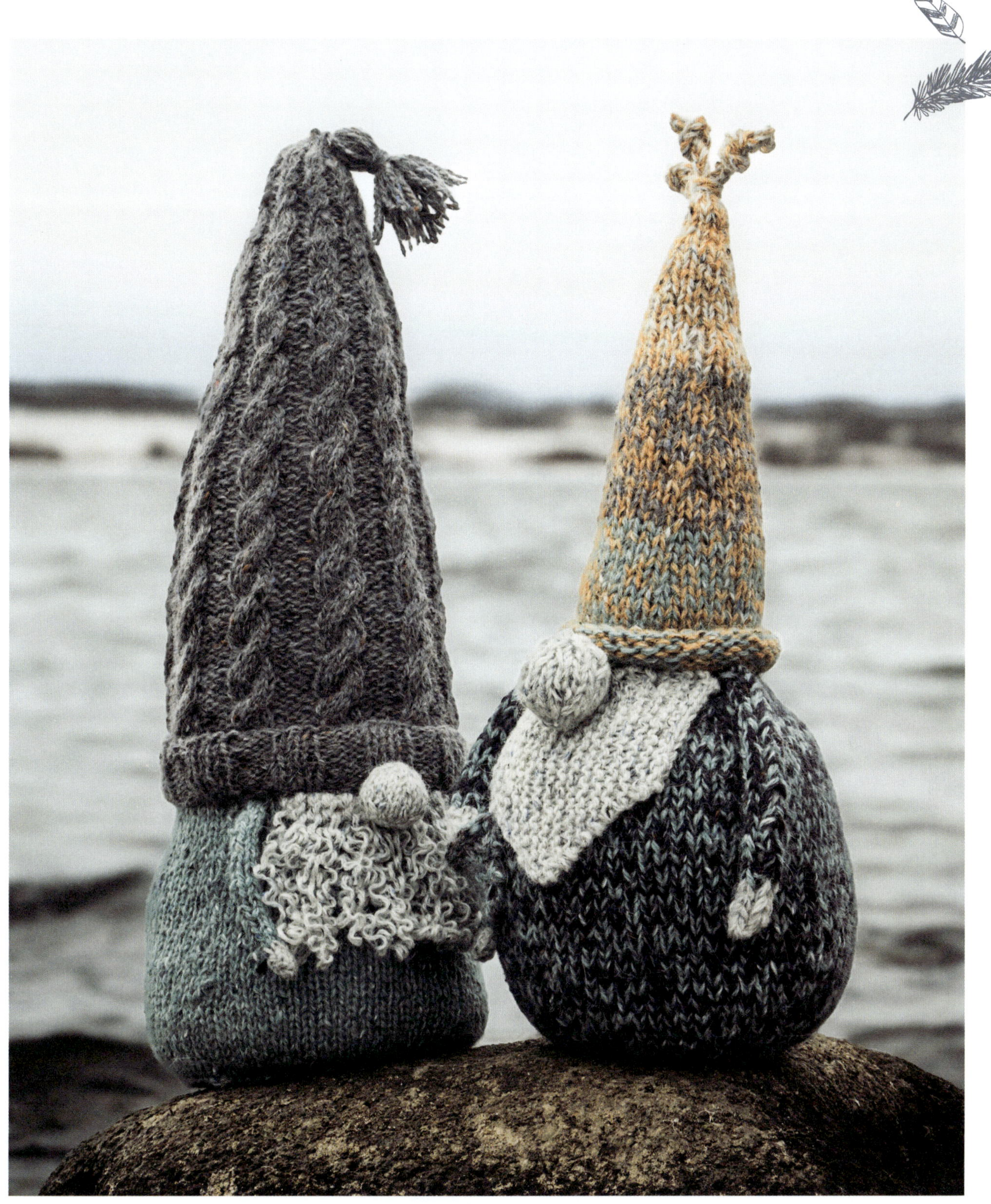

OBEN, VON LINKS NACH RECHTS: Waldrada, der Zopfmuster-Wichtel in der großen Variante aus dem Garn Rowan Felted Tweed, daneben Waldemar, der Zipfel-Wichtel in der großen Variante aus dem Garn Rowan Felted Tweed.

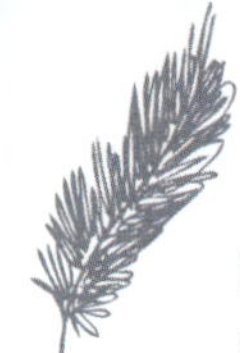

DER KÖRPER

Das Mützenbündchen nach oben umschlagen. Die Mütze mit der Spitze nach unten und der Öffnung nach oben in die Hand nehmen. Mit den kleineren Nadeln und auf der li S der Mütze je 1 M pro M von Runde 11 der Mütze – erkennbar an der nun sichtbaren Runde linker Maschen – auffassen. Dafür mit der M links neben dem offenen MM beginnen – 60 M. Die obere Hälfte der M auffassen, sodass die untere Hälfte von außen zu sehen ist und eine saubere Kante für das Bündchen bildet (siehe unteres Bild auf Seite 15). MM entf.

Zur Runde schließen. Garn B aufnehmen.

RdAnf mit MM kennzeichnen.

Runde 1–5: alle M re str – 5 Runden.

Runde 6: (20 M re, MM setzen) zweimal, 20 M re.

HINWEIS: In den folgenden Runden dient der MM am RdAnf als Orientierungspunkt für die Formgebung (Stricken der Zu- und Abnahmen).

Runde 7: (2 M re, li gen Zun, M re str bis zur vorletzten M vor MM, re gen Zun, 2 M re, MM abh) dreimal – 6 Zun (66 M).

Runde 8–16: alle M re str – 9 Runden.

Runde 17–36: Runde 7–16 zweimal wdh – 20 Runden (78 M).

Das Fadenende vom Körperanfang vernähen.

Waldrada durch Einweichen oder Dämpfen in Form bringen, damit die Zöpfe Gelegenheit haben, sich der Körperform zu fügen.

Runde 37: alle M li str.

Runde 38: 13 M re, MM setzen, (13 M re, MM abh, 13 M re, MM setzen) zweimal, 13 M re – insgesamt 6 MM eingesetzt.

Mütze mit weicher Füllung ausstopfen. Waldradas Mütze ist lang und dehnbar – das kann dazu verleiten, zu viel Füllung zu verwenden. Die Mütze sollte nicht breiter werden als sich das Gewebe für den Körper dehnen lässt.

Abnahmerunde: (M re str bis zur vorletzten M vor MM, 2 M re zusstr, MM abh) sechsmal – 6 Abn (72 M).

Abnahmerunde sechsmal wdh, sodass jeder Abschnitt noch aus 6 M besteht (36 M insgesamt).

Zwei Drittel des Körpers mit weicher Füllung ausstopfen.

Abnahmerunde zweimal wdh, sodass jeder Abschnitt noch aus 4 M besteht (24 M insgesamt).

Den Körper bis zur Krausrippe mit Füllung zum Beschweren ausstopfen. Mit einer dünnen Schicht weicher Füllung bedecken, sodass die Kügelchen, Bohnen oder anderen Kleinteile, die Sie zum Beschweren verwenden, beim Stricken der letzten Runden nicht herausfallen.

Abnahmerunde dreimal wdh, sodass insgesamt nur noch 6 M übrig sind, dabei MM entf.

Den Faden abschneiden. Das Fadenende auf eine Wollnadel fädeln, durch die verbleibenden Maschen führen und zusammenziehen. Das Fadenende vernähen.

WAS DER WICHTEL SONST NOCH BRAUCHT

- 2 mittellange Arme (siehe Seite 20) mit den größeren Nadeln und Garn C und B.
- fransiger Bart, Typ ‚Breit und gelockt' (siehe Seite 22) mit den größeren Nadeln und Garn C.
- 1 große Nase (siehe Seite 23) mit den größeren Nadeln und Garn C.
- 1 Quaste (siehe Seite 25), dafür 25 Umwicklungen mit Garn A. Länge der fertigen Quaste: 4,5 cm für die kleine Variante und 5 cm für die große Variante.

FERTIGSTELLEN

Mützenbündchen nach oben umschlagen. Bart auf Höhe der ersten Runde des Körpers annähen.
Die Oberkante des Barts bleibt sichtbar, daher möglichst sauber nähen. Nase mittig auf dem Bart annähen. Arme auf Höhe der ersten Runde des Körpers rechts und links neben dem Bart annähen. Quaste an der Mützenspitze befestigen.
Das Bündchen bleibt hochgeschlagen.

HINWEIS: Bei der Fertigstellung kann Waldrada etwas außer Form geraten, rollen Sie sie daher locker über einen Tisch, damit sich die Füllung gleichmäßig verteilt, wenn sie ganz fertig ist.

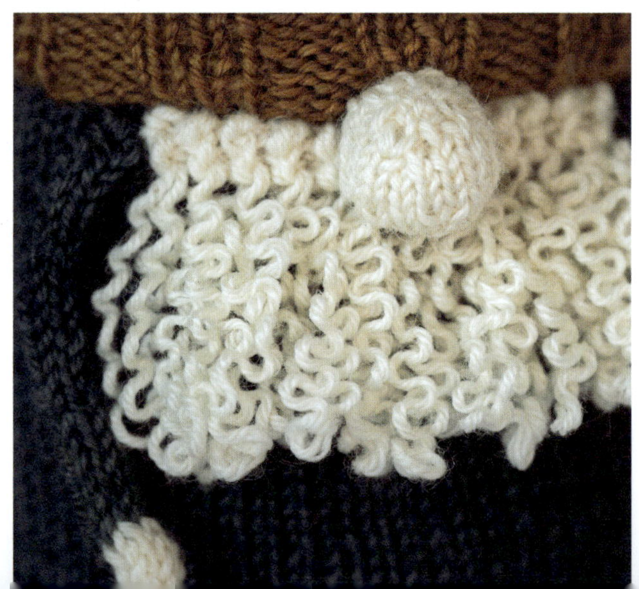

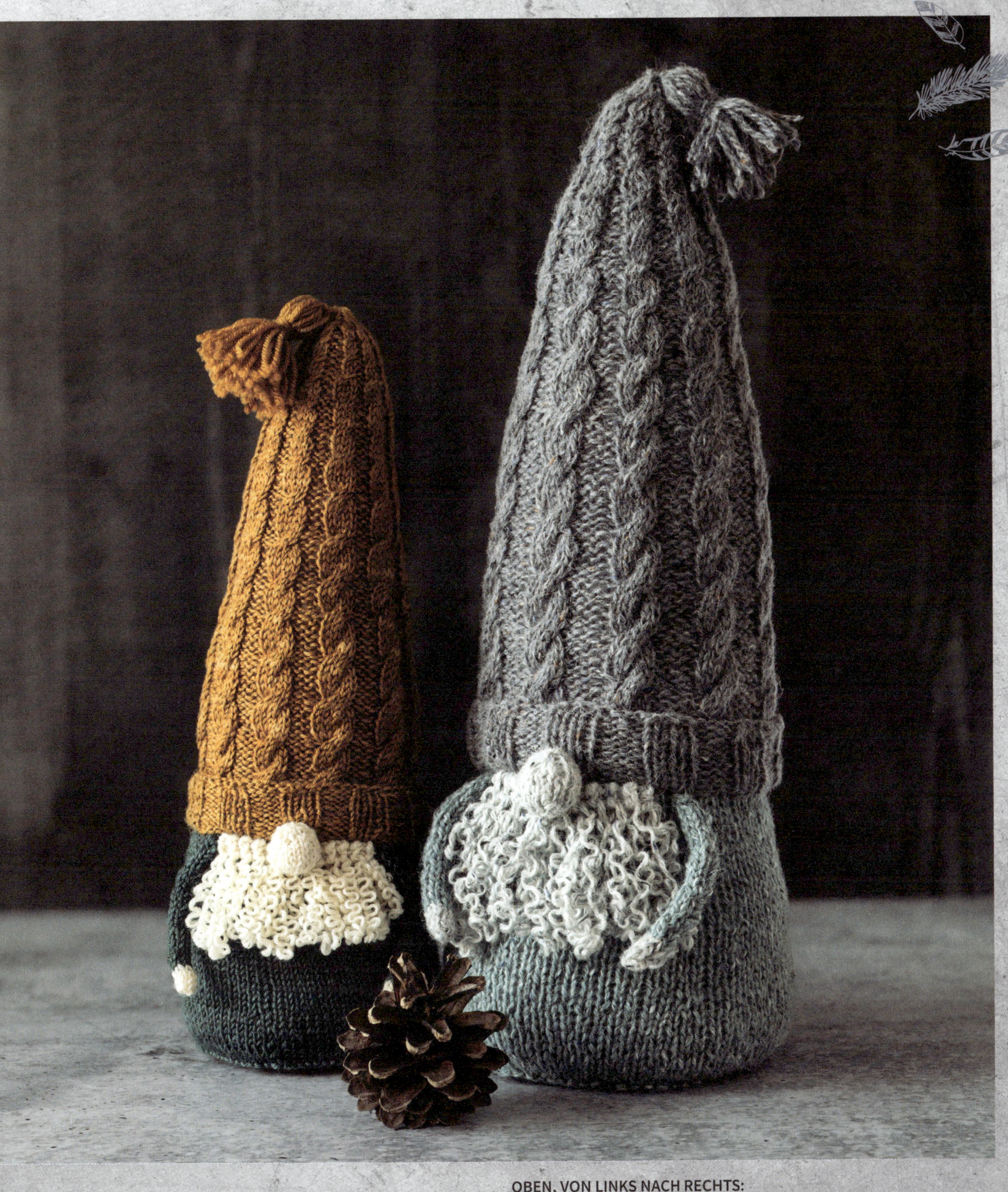

OBEN, VON LINKS NACH RECHTS:
die kleine Variante aus dem Garn Miss Babs Katahdin 437, daneben die große Variante aus dem Garn Rowan Felted Tweed.

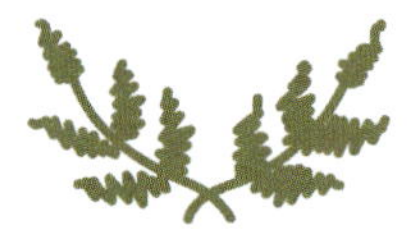

Waldemar
DER ZIPFEL-WICHTEL

Waldemars Haus schmiegt sich in ein kleines Tal mit sehr fruchtbarem Boden. Die Fenster auf der Südseite des Hauses liegen im Sommer dank hoher Rhabarberpflanzen ganz im Schatten und ein Dickicht aus Himbeersträuchern schützt das Haus im Winter vor Nordwind. Eine Einladung zu ihm auf eine Portion Scones mit Marmelade sollte man auf keinen Fall ausschlagen!

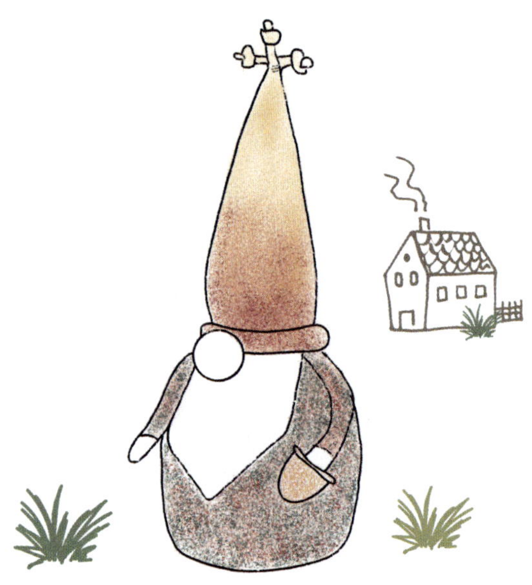

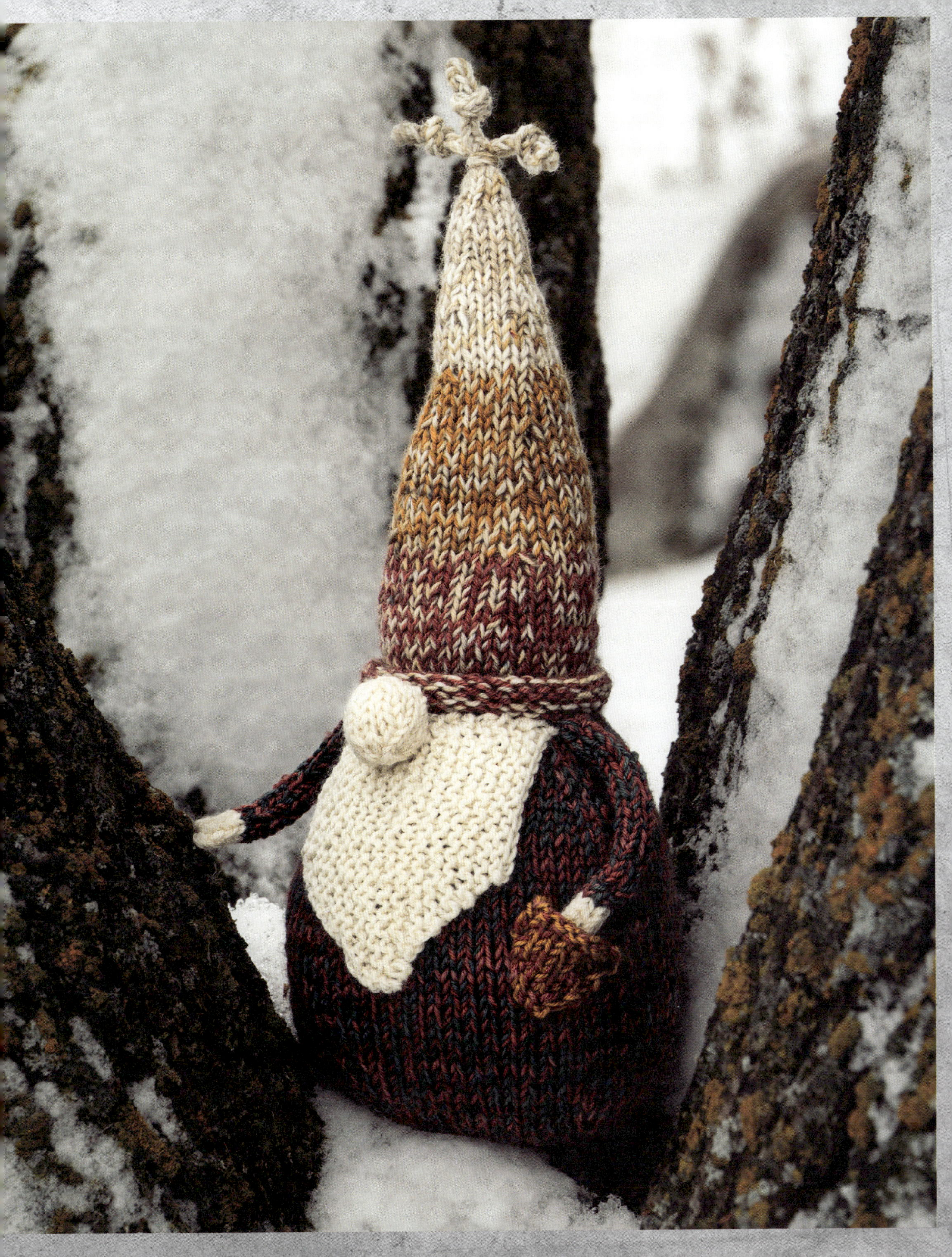

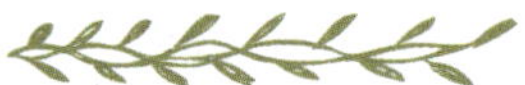

Größe

Klein: 28,5 cm
bei Verwendung des Originalgarns Miss Babs Katahdin 437

Groß: 37 cm
bei Verwendung des Originalgarns Rowan Felted Tweed

Maschenprobe

Miss Babs Katahdin 437
22 M und 32 Runden glatt rechts in Runden auf den kleineren Nadeln gestrickt = 10 × 10 cm

Rowan Felted Tweed
18 M und 26 Runden glatt rechts in Runden auf den kleineren Nadeln gestrickt = 10 × 10 cm

Garn und Farbe

Klein, Miss Babs Katahdin 437
GARN A: helles, meliertes Gold (Gold Rush)
GARN B: Rot (Corset)
GARN C: Gold (Old Gold)
GARN D: Creme (Naked)
GARN E: Türkis (Blackwatch)

Groß, Rowan Felted Tweed
GARN A: Tweed in Senfgelb (193 Cumin)
GARN B: Tweed in Minzgrün (209 Eden)
GARN C: Tweed in Mittelgrau (191 Granite)
GARN D: Tweed in Hellgrau (197 Alabaster)
GARN E: Tweed in Dunkelblau (170 Seafarer)

Nadeln

Für Miss Babs Katahdin 437 oder ein Ersatzgarn:
3,25 mm und 3,5 mm

Für Rowan Felted Tweed oder ein Ersatzgarn:
4 mm und 4,5 mm

Anmerkungen zum Muster

- Mit Ausnahme des Barts wird Waldemar mit zwei Fäden gleichzeitig gestrickt.
- Wenn Sie mit anderen Farben arbeiten möchten, testen Sie die Farbkombinationen aus, indem Sie die zwei Garne zusammen um ein Lineal wickeln, bevor Sie mit dem Stricken beginnen.
- In diesem Buch versteckt sich ein nicht ganz so geheimer neunter Wichtel! Beide Größenvarianten von Waldemar können Sie auch mit zwei Fäden desselben Garns stricken. Der Wichtel ist dann nicht so stark meliert und weniger bunt.

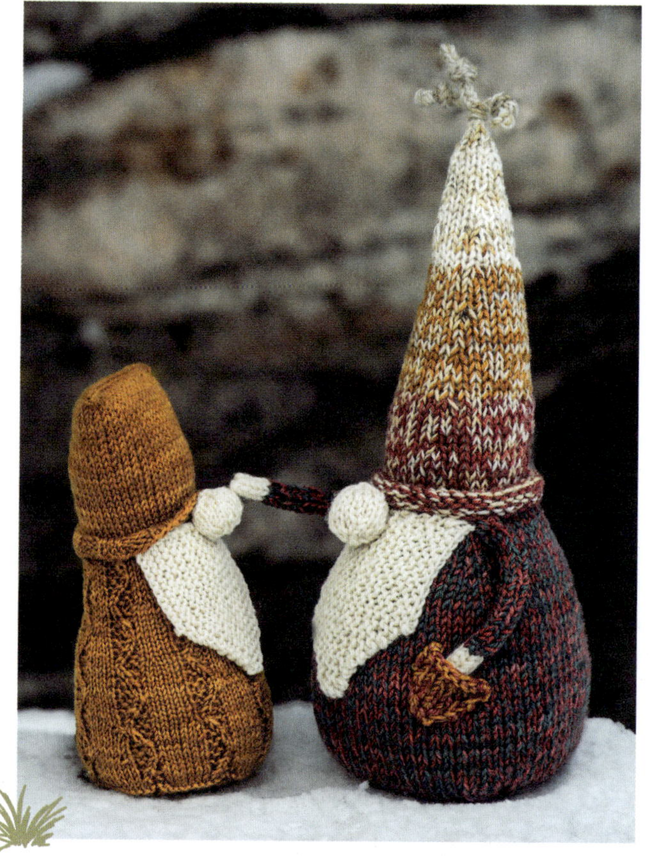

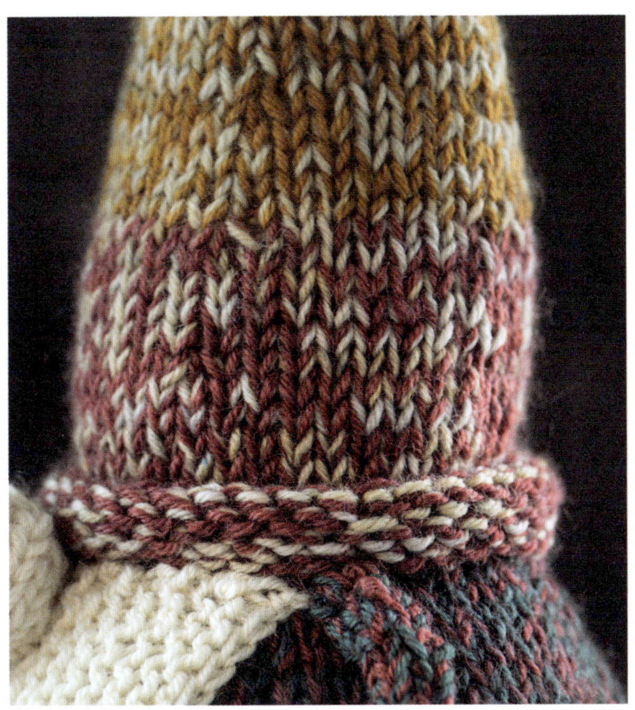

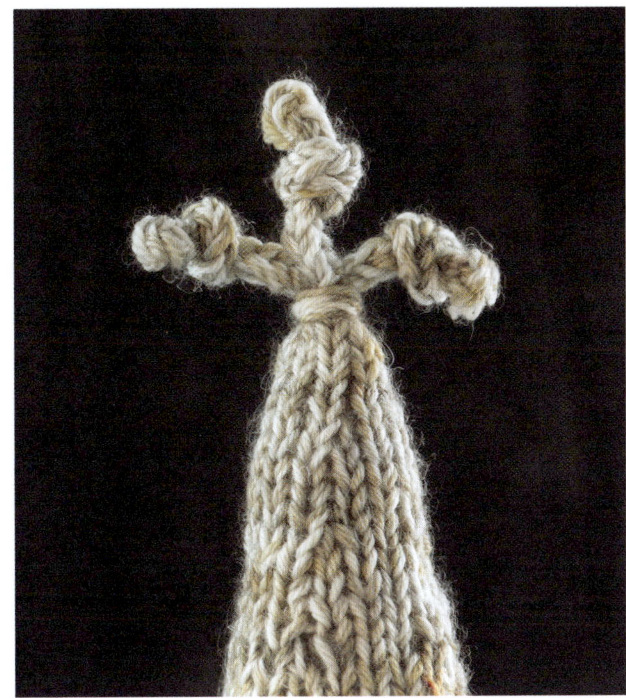

Anleitung

DIE MÜTZE

Mit Garn A und B zusammen und den kleineren Nadeln 36 M anschlagen. Die M gleichmäßig auf Nadeln verteilen und zur Runde schließen. RdAnf mit MM kennzeichnen.

Runde 1–7: alle M re str – 7 Runden.

Offenen MM auf der li S in erste M von Runde 7 setzen, um den Anfangspunkt zum Auffassen der Maschen für den Körper zu kennzeichnen.

Runde 8: (9 M re, li gen Zun, MM setzen) viermal – 4 Zun (40 M).

HINWEIS: In den folgenden Runden dient der MM am RdAnf als Orientierungspunkt für die Formgebung (Stricken der Zu- und Abnahmen).

Runde 9–13: alle M re str – 5 Runden.

Runde 14: (M re str bis zur vorletzten M vor MM, 2 M re zusstr, MM abh) viermal – 4 Abn (36 M).

Runde 15–18: alle M re str – 4 Runden.

Garn B abschneiden und Garn C zusätzlich aufnehmen.

Runde 19–33: mit Garn A und C Runde 14–18 dreimal wdh – 15 Runden (24 M).

Garn C abschneiden und Garn D zusätzlich aufnehmen.

Runde 34–58: mit Garn A und D Runde 14–18 fünfmal wdh – 25 Runden (4 M).

Runde 59: MM während des Strickens entf; 2 M re zusstr, 2 M re – 1 Abn (3 M).

Strickschnur-Zipfel:

Mit M 1 beginnen, M 2 und 3 für später zunächst auf Maschenraffer oder Garnrest stilllegen.

Runde 1: 1 M re verdopp – 1 Zun (2 M).

Runde 2–16: Strickschnur str – 15 Runden.

Die Fäden abschneiden, die Fadenenden auf eine Wollnadel fädeln und diese von rechts nach links durch die M auf der Nadel führen. Die Fadenenden ins Innere der Strickschnur legen und den Überschuss abschneiden. Einen Knoten in die Strickschnur machen.

Den Vorgang mit M 2 wiederholen und zum Stricken der Strickschnur die Garne wieder neu aufnehmen.

Den Vorgang mit M 3 wiederholen und beim Aufnehmen der Garne 15 cm lange Fadenenden überstehen lassen. Diese Fadenenden nach dem Stricken der dritten Strickschnur dreimal fest um die Mützenspitze wickeln, damit die Zipfel weiter nach oben stehen. Anschließend alle Fadenenden vernähen. Dabei bedenken, dass die Seite mit den glatt rechts gestrickten M die li S des Rollbündchens ist.

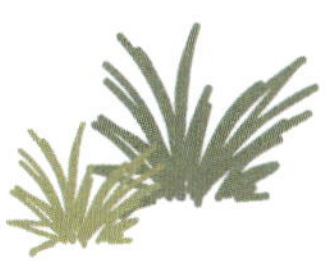

DER KÖRPER

Das Mützenbündchen und etwa ein Drittel der Mütze umschlagen. Mit den kleineren Nadeln und auf der li S der Mütze je 1 M pro M von Runde 7 auffassen, dafür mit der M links neben dem offenen MM beginnen (36 M). MM entf.

Zur Runde schließen. Garn B und E ansetzen und RdAnf mit MM kennzeichnen.

Runde 1: alle M re str.

Runde 2: 4 M re, (MM setzen, 9 M re) dreimal, MM setzen, 5 M re.

Runde 3: (M re str bis zur letzten M vor MM, re gen Zun, 1 M re, MM abh, 1 M re, li gen Zun) viermal, M re str bis RdEnde – 8 Zun (44 M).

Runde 4 und 5: alle M re str – 2 Runden.

Runde 6–14: Runde 3–5 dreimal wdh – 9 Runden (68 M).

Runde 15–38: alle M re str – 24 Runden.

Runde 39: (M re str bis zur dritten M vor MM, li gen Abn-abgw, 1 M re, MM abh, 1 M re, 2 M re zusstr) viermal, M re str bis RdEnde – 8 Abn (60 M).

Runde 40: alle M re str.

Die Fadenenden vom Körperanfang vernähen. Die Mütze mit weicher Füllung ausstopfen.

Runde 41–48: Runde 39 und 40 viermal wdh – 8 Runden (28 M).

Den Körper etwa bis zu der Stelle fest mit weicher Füllung ausstopfen, an der die Abnahmen beginnen.

Runde 49: MM während des Strickens entf; (2 M re, 2 M re zusstr) siebenmal – 7 Abn (21 M).

Runde 50: 2 M re zusstr, M re str bis RdEnde – 1 Abn (20 M).

Runde 51: alle M re str.

Mit Füllung zum Beschweren ausstopfen. Mit einer dünnen Schicht weicher Füllung bedecken, sodass die Kügelchen, Bohnen oder anderen Kleinteile, die Sie zum Beschweren verwenden, beim Stricken der letzten Runden nicht herausfallen.

Runde 52: (2 M re zusstr) zehnmal – 10 Abn (10 M).

Runde 53: (2 M re zusstr) fünfmal – 5 Abn (5 M).

Den Faden abschneiden. Fadenenden auf eine Wollnadel fädeln, durch die verbleibenden Maschen führen und zusammenziehen. Die Fadenenden vernähen.

WAS DER WICHTEL SONST NOCH BRAUCHT

- 2 mittellange Arme (siehe Seite 20) mit den größeren Nadeln. Die Hände mit doppeltem Faden aus Garn D und die Arme aus Garn B und E stricken.
- 1 große Nase (siehe Seite 23) mit den größeren Nadeln und Garn D mit doppeltem Faden.
- 1 kraus rechts gestrickter Bart (siehe Seite 22) mit den kleinere Nadeln und Garn D nur mit einfachem Faden.
- 1 Tasche (siehe Seite 24) mit den größeren Nadeln und Garn B und C.

FERTIGSTELLEN

Den Bart auf Höhe der ersten Runde des Körpers annähen, dabei möglichst sauber arbeiten, da das Mützenbündchen hochgerollt ist und den Bartansatz nicht bedeckt – Waldemar legt Wert auf einen gut gepflegten Bart. Die Nase mittig auf der Oberkante des Barts annähen. Die Arme auf Höhe der ersten Runde des Körpers rechts und links neben dem Bart annähen.

Die Tasche wie auf dem Bild zu sehen annähen und die lange Seite offen lassen. Die innen liegende obere Ecke unterhalb der Ecke des Barts positionieren und die untere Ecke etwa 5 Runden weiter unten. Austesten, ob die Hände bis in die Taschen reichen, und erst dann annähen.

**RECHTE SEITE, VON LINKS NACH RECHTS:
die große Variante aus dem Garn Rowan Felted Tweed, daneben die kleine Variante aus dem Garn Miss Babs Katahdin 437.**

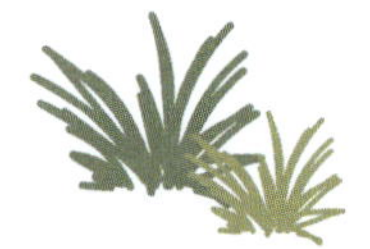

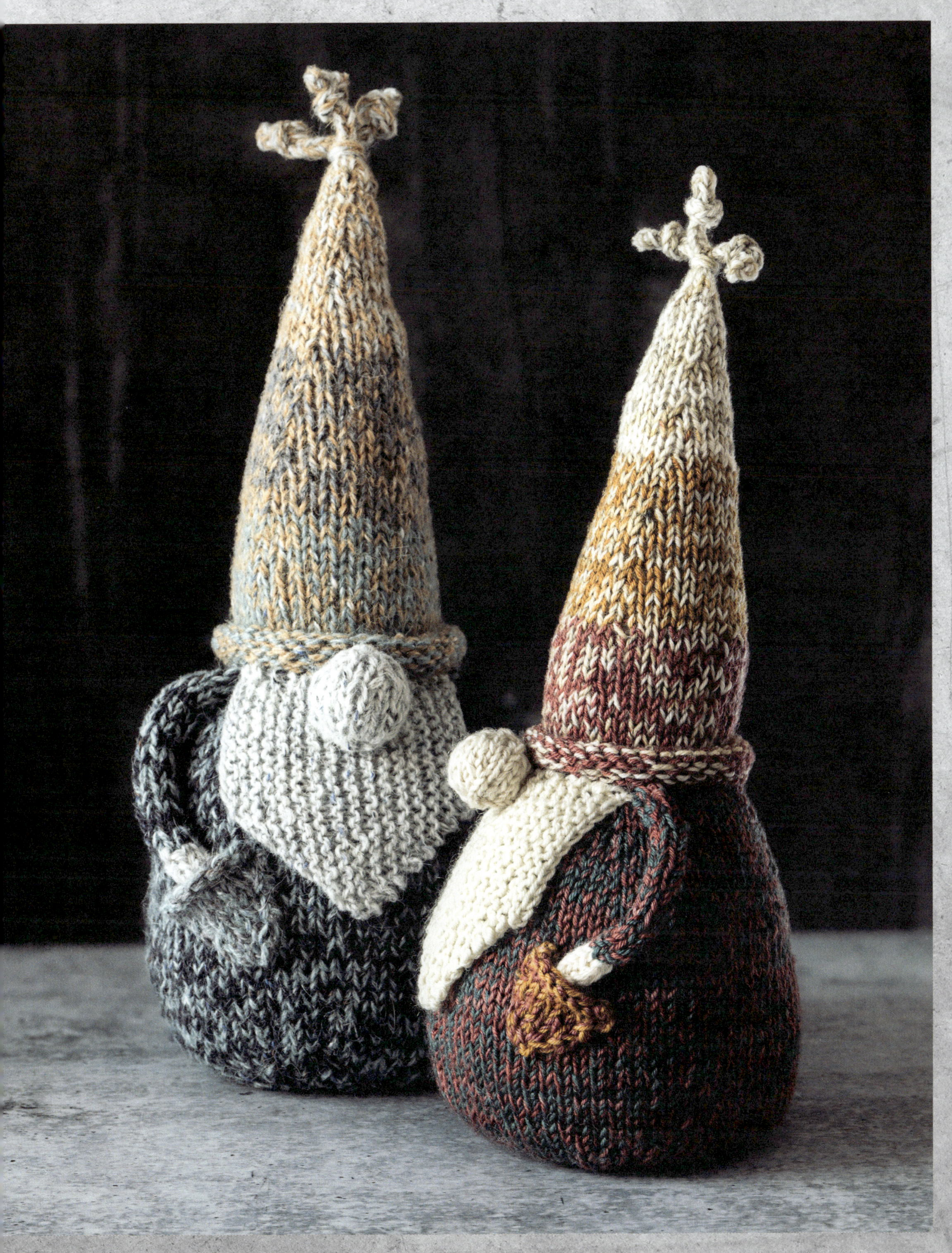

Materialtabelle

KLEINE WICHTEL

WICHTEL	Größe	Verwendete Nadeln	Verwendete Garnfarben von Miss Babs Katahdin 437	Benötigte Menge in Gramm (+ 15 % Puffer)
Waldegund (Seite 28)	11,5 cm	2,25 mm und 2,5 mm	Garn A: Old Gold Garn B: Corset Garn C: Naked	Garn A: 5 g Garn B: 8 g Garn C: 3 g
Waldhild (Seite 34)	14 cm	2,25 mm und 2,5 mm	Garn A: Old Gold Garn B: Gold Rush Garn C: Naked Garn D: Blackwatch	Garn A: 3 g Garn B: 5 g Garn C: 4 g Garn D: 9 g
Waldebert* (Seite 42)	18 cm	2,25 mm und 2,5 mm	Garn A: Old Gold Garn B: Naked	Garn A: 20 g Garn B: 4 g
Waldburg* (Seite 52)	19 cm	2,25 mm und 2,5 mm	Garn A: Blackwatch Garn B: Corset Garn C: Naked Garn D: Old Gold Garn E: Carina	Garn A: 4 g Garn B: 3 g Garn C: 17 g Garn D: 3 g Garn E: 18 g
Waldfried* (Seite 62)	20 cm	2,25 mm und 2,5 mm	Garn A: Corset Garn B: Carina Garn C: Naked	Garn A: 12 g Garn B: 15 g Garn C: 5 g
Waldo* (Seite 68)	25,5 cm	2,25 mm und 2,5 mm	Garn A: Gold Rush Garn B: Corset Garn C: Naked	Garn A: 14 g Garn B: 21 g Garn C: 5 g
Waldrada (Seite 78)	28 cm	2,25 mm und 2,5 mm	Garn A: Old Gold Garn B: Blackwatch Garn C: Naked	Garn A: 26 g Garn B: 15 g Garn C: 5 g
Waldemar (Seite 86)	28,5 cm	3,25 mm und 3,5 mm	Garn A: Gold Rush Garn B: Corset Garn C: Old Gold Garn D: Naked Garn E: Blackwatch	Garn A: 10 g Garn B: 29 g Garn C: 5 g Garn D: 10 g Garn E: 21 g

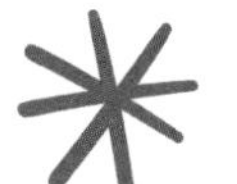

GROSSE WICHTEL

WICHTEL	Größe	Verwendete Nadeln	Verwendete Farben von Rowan Felted Tweed	Benötigte Menge in Gramm (+ 15 % Puffer)
Waldegund (Seite 28)	15 cm	3,25 mm und 3,5 mm	Garn A: 170 Seafarer Garn B: 191 Granite Garn C: 197 Alabaster	Garn A: 5 g Garn B: 7 g Garn C: 3 g
Waldhild (Seite 34)	18,5 cm	3,25 mm und 3,5 mm	Garn A: 196 Barn Red Garn B: 170 Seafarer Garn C: 197 Alabaster Garn D: 193 Cumin	Garn A: 10 g Garn B: 6 g Garn C: 3 g Garn D: 11 g
Waldebert* (Seite 42)	23 cm	3,25 mm und 3,5 mm	Garn A: 196 Barn Red Garn B: 197 Alabaster	Garn A: 30 g Garn B: 5 g
Waldburg* (Seite 52)	24 cm	3,25 mm und 3,5 mm	Garn A: 196 Barn Red Garn B: 170 Seafarer Garn C: 197 Alabaster Garn D: 209 Eden Garn E: 193 Cumin	Garn A: 5 g Garn B: 4 g Garn C: 17 g Garn D: 4 g Garn E: 24 g
Waldfried* (Seite 62)	26,5 cm	3,25 mm und 3,5 mm	Garn A: 209 Eden Garn B: 196 Barn Red Garn C: 197 Alabaster	Garn A: 11 g Garn B: 19 g Garn C: 5 g
Waldo* (Seite 68)	34,5 cm	3,25 mm und 3,5 mm	Garn A: 193 Cumin Garn B: 170 Seafarer Garn C: 197 Alabaster	Garn A: 16 g Garn B: 22 g Garn C: 6 g
Waldrada (Seite 78)	35,5 cm	3,25 mm und 3,5 mm	Garn A: 191 Granite Garn B: 209 Eden Garn C: 197 Alabaster	Garn A: 38 g Garn B: 20 g Garn C: 5 g
Waldemar (Seite 86)	37 cm	4 mm und 4,5 mm	Garn A: 193 Cumin Garn B: 209 Eden Garn C: 191 Granite Garn D: 197 Alabaster Garn E: 170 Seafarer	Garn A: 13 g Garn B: 30 g Garn C: 6 g Garn D: 12 g Garn E: 25 g

*** HINWEIS:** Weil die Maschenanzahl der Mützenbündchen gleich ist, lassen sich die unterschiedlichen Mützenarten mit den verschiedenen Körperformen von Waldfried, Waldburg, Waldo und Waldebert frei kombinieren.

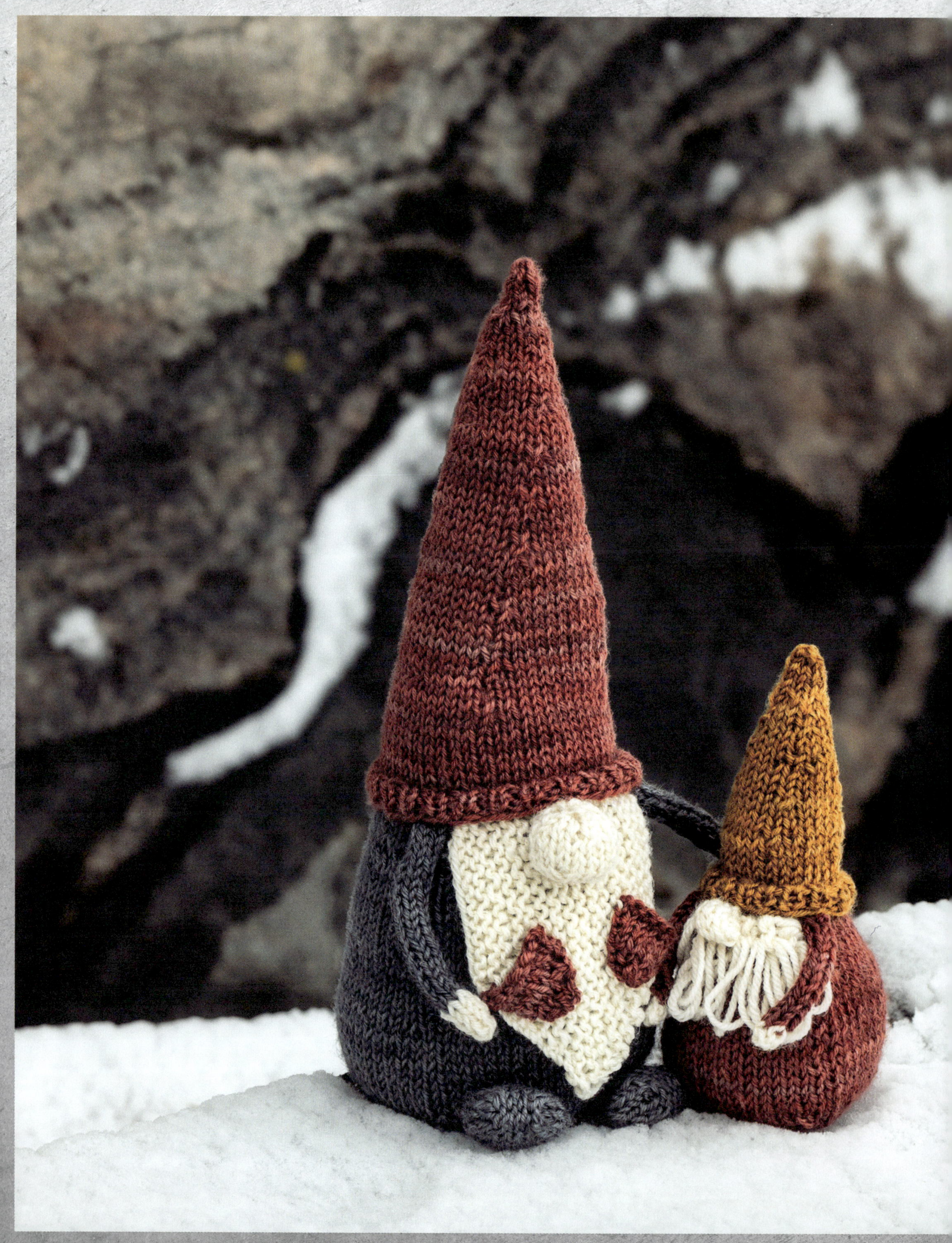

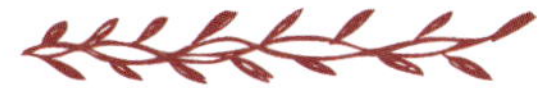

Ein tosender Applaus!

Für meine Familie, die mir den Mut gibt, etwas zu wagen, und mich gelehrt hat, was wirklich zählt.

Für meine Eltern, dafür, dass sie tolle Menschen sind, die mir gezeigt haben, wie man mit offenem Herzen auch unkonventionelle Pfade beschreitet. Und Dad, danke für all deine Hilfe mit den Bildern.

Für meine Design-Verbündeten, Lisa Ross, Mary Hull und Jesie Ostermiller – eure Ideen, Kreativität und Ehrlichkeit waren unverzichtbar.

Für meine Probestrickerinnen, dafür, dass sie ihre Zeit gespendet haben, um sicherzugehen, dass diese Strickmuster auch Hand und Fuß haben: smoodog/Jean Cain, maryeb, staubkoernchen/Anneli, Jaime Louise Miller, JeepGeek/Tara P, MollyHatChick, RevJan, wendebular/Wendy, Laura Gorton, Mamacelebrates/Lise, Deb Smith, mwachen/Melanie, Joseybug.

Für die Tausende Stricker und Strickerinnen, die meine Wichtel-Anleitungen mit einer solch freudigen Begeisterung aufgenommen haben. Eure Unterstützung hat zur Entstehung dieses Buchs beigetragen.

Und für Emily Adam, meine Lektorin, die meine Kindheitsträume erfüllt hat, indem sie mich fragte, ob ich ein Buch schreiben möchte.

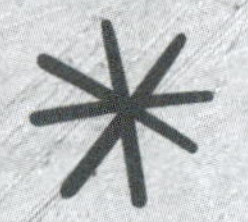
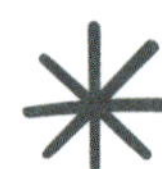

ISBN 978-3-8094-4982-9
2. Auflage 2024

Die englische Originalausgabe erschien 2024 bei Search Press Limited, Wellwood, North Farm Road, Tunbridge Wells, Kent TN2 3DR unter dem Titel *The Gnomes of Grimblewood*

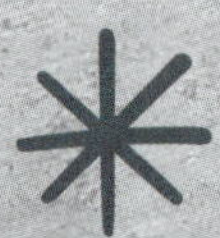

Umschlaggestaltung: Atelier Versen, Bad Aibling
Redaktion und Producing: SAW Communications, Redaktionsbüro Dr. Sabine A. Werner, Dahn
Übersetzung: SAW Communications, Mia Kessler
Satz: SAW Communications in Zusammenarbeit mit Anke Enders
Herstellung: Franziska Polenz
Projektleitung: Sibylle Lehmann

Printed in China

Mehr von der Autorin

Website: www.imaginedlandscapes.com
YouTube-Kanal: @imaginedlandscapes
Instagram: @imagined_landscapes
Podcast: www.imaginedlandscapes.com/podcast/
Ravelry: www.ravelry.com/groups/imagined-landscapes

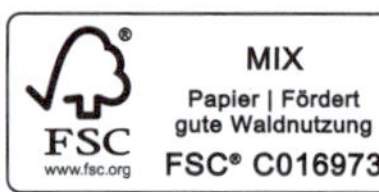

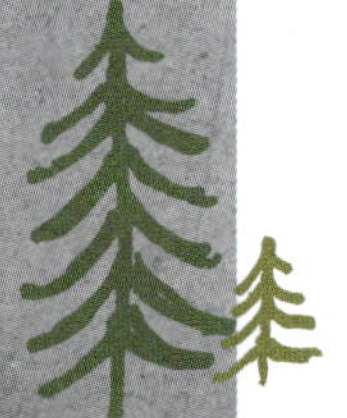
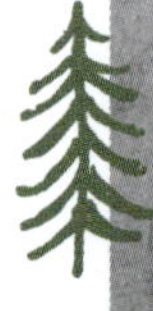